Schön Alt

Bibliografische Information der Deutschen Nationalbibliothek:
Die Deutsche Nationalbibliothek verzeichnet diese Publikation
in der Deutschen Nationalbibliografie; detaillierte bibliografische
Daten sind im Internet über www.dnb.de abrufbar.

Herausgeberin: bilwiz / Eva-Maria Mehrgardt, Ringsberg, DE
www.bilwiz.info, 2., verbesserte Auflage, Februar 2015
Herstellung und Verlag:
BoD – Books on Demand, Norderstedt, DE
ISBN 978-3-7347-3716-9

Eva-Maria Mehrgardt

Schön Alt. Leben im Alter

Interviews mit:

Anna und Mimis Dimitriou Kouvatsidis, Dr. Knut Franck, Frieda K., Gertrud Kriener, Dr. Ekkehard Krüger, Christa und Peter Lorenzen, Jürgen Martensen, Christa Mehrgardt, Willi Riep, Marie S. und Gesche Tietjens.

DAS BUCH

"Schön Alt. Leben im Alter" handelt von normalen Menschen mit außergewöhnlichen Lebensentwürfen, die nach ihrer beruflichen Laufbahn den Mut hatten, sich eine neue Beschäftigung zu suchen. Die ein Buch schreiben oder eine Lebensschule gründen. Sie malen, sammeln oder gründen einen Verein, sie reisen und helfen, studieren und wandern. Oder sie sind – einfach so – glücklich.

Wir alle wollen gefordert und gebraucht sein, und wir möchten unsere Erfahrungen in die Gesellschaft einbringen können. Wie man das macht, hat die Autorin ihre Gesprächspartner gefragt. Das Buch erzählt von Älteren und von ihren Erfahrungen. Von dem, was sie sich erhoffen und was sie getan haben, um ihre Ziele zu erreichen. Und vor allem davon, wie sie es getan haben. Neben ihren Geschichten wird in Meditationsanleitungen und in spielerischen Übungen für den Alltag beschrieben, wie wir Farbe und Freude in unser Leben bringen.

Ein Buch, geschrieben für Leserinnen und Leser, die mehr vom Leben wollen, die sich weiterentwickeln und dabei mehr als nur eine trockene Präsentation lesen möchten. Menschen, die nicht nur an der Oberfläche kratzen, sondern die wissen wollen, wie man auch im Alter ein erfülltes Leben führt – und wie andere das machen.

In diesem Buch geht es um das Wie. Es geht um Selbstbewusstsein und Eigensinn und um den Mut, dem Spielerischen und Abenteuerlichen einen Ort im Alltäglichen zu geben. Mit Informationen über "ViLE", das Netzwerk der älteren Generation, über das Internet und das Büro gegen Altersdiskriminierung.

Mit Beiträgen von Dr. Ekkehard Krüger, Flensburg.

DIE AUTORIN

Eva-Maria Mehrgardt, geb. 1952, arbeitet seit ihrem Studium als freischaffende bildende Künstlerin und lebte lange in den Niederlanden und einige Jahre in Indien. Ihre Erfahrungen in Theorie und Praxis unterschiedlicher Meditationstechniken und Anleitungen zur Selbstheilung ermöglichen ihr einen offenen Umgang mit den besonderen Anforderungen der heutigen Zeit in einer Herangehensweise, in der ihre künstlerische Praxis ein wesentlicher Bestandteil ihrer Arbeit ist. Sie leitet seit über 30 Jahren Kurse in Kunst und Meditation und lebt und arbeitet heute in einem kleinen Dorf im Norden Deutschlands.

"Ich habe den Wert von jedermanns Weisheit und die Tatsache, dass die Menschen dieselbe Weisheit auf vielen Straßen entdecken können, zu verstehen begonnen. Öffne deinen Geist, so dass du nicht mehr in Eigensucht gefangen bist, dann wirst du dich nicht mehr für das Zentrum der Welt halten, weil du so beschäftigt bist mit deinen Leiden, Schmerzen, Grenzen, Begierden und Ängsten, dass du blind bist für die Schönheit des Lebens. Du wirst sehen, das Leben ist ein solches Wunder, und wir verbringen soviel Zeit damit, herauszufinden, wo es uns unrecht tut."

Pema Chödrön

Vielen Dank für die guten Gespräche an Anna und Mimis Dimitriou Kouvatsidis, Knut Franck, Frieda K., Gertrud Kriener, Ekkehard Krüger, Christa und Peter Lorenzen, Jürgen Martensen Christa Mehrgardt, Willi Riep, Marie S. und Gesche Tietjens.

Inhaltsverzeichnis

Vorwort

Verena traf ich während eines längeren Aufenthalts in den Bergen Indiens am Rande des Himalaya. Mit ihrer Lebensfreude und Abenteuerlust hat sie mich tief beeindruckt, und sie ist eines der Vorbilder, die mich zu diesem Buch inspiriert haben.

Von ihr habe ich gelernt, wie man auch als alter Mensch aus dem Vollen leben kann. Sie kam aus den Niederlanden und saß im Seminarraum der Tibetischen Bibliothek in Dharamsala. Eine zierliche Dame mit grauen Löckchen und über achtzig Jahre alt, die sich offensichtlich ausgezeichnet amüsierte.

Als ich Verena nach der Vorlesung fragte, ob sie in das Café nebenan mitkäme, antwortete sie mir, einen Tee hätte sie sehr gerne, aber den müsse ich bezahlen, denn sie habe kein Geld. Auf meine erstaunte Frage hin, wie sie ohne Geld herumreisen könne, antwortete sie, sie sei vor einigen Monaten ziemlich schnell-entschlossen nach Nepal abgereist und habe dort bei ihrem ersten Bankbesuch zu ihrem Schrecken festgestellt, dass sie mit ihrer Scheckkarte in Ländern außerhalb Europas kein Geld abheben könne. Aber dann sei ein sehr netter Herr dazugekommen, und der habe ihr zur Überbrückung gleich zweihundert Dollar geschenkt. So fing es an.

Seitdem reise sie auf Pump, es seien einfach immer Leute dagewesen, die für sie gezahlt hätten. Es sei ihrer Bank aus ihr unverständlichen Gründen auch nicht möglich gewesen, ihr eine neue Scheckkarte auszustellen. Und sie wollte nur deswegen nicht sofort nach Hause zurückfliegen. Also blieb sie und vertraute auf ihr Glück. Sie erzählte aufregende Geschichten von ihrer Exkursion in das Hochgebirge Nepals und von dem großen schönen Tibeter, der sie über die Flussfurten getragen habe. Von den herrlichen Orten, die sie gesehen, und den netten Menschen, die sie auf ihrer bisherigen Reise getroffen habe. Überall sei sie eingeladen und auf Händen getragen worden! Inzwischen war es schon eine Ehre, wenn Verena eine Einladung annahm. Alle wollten mit ihr lachen und von ihren Abenteuern hören.

Ihr Optimismus war einfach umwerfend. So zart und zerbrechlich sie aussah, war sie doch schon drei Monate in Indien und Nepal unterwegs, dabei vollkommen auf die Güte und die Hilfsbereitschaft ihrer Mitmenschen vertrauend.

Denn das war Verenas große Kraft. Sie war charmant und witzig, und wenn man sie erzählen hörte, wurde man einfach guten Mutes und glaubte an die unbedingte Schönheit der Welt.

Ich habe so viele außergewöhnliche Menschen mit ausgefallenen Geschichten getroffen. Da gab es die alte Dame, neben der ich auf einer Bank am Flughafen saß und die sich zum Entsetzen ihrer Kinder nach dem Tod ihres Mannes auf die Beine gemacht hatte, um alleine durch Asien zu reisen. Da war der Mann, der sich einen Motorroller kaufte und damit durch Indien kutschierte und dabei wie ein indischer Rikschafahrer auf seinem Motorroller nächtigte. Der strahlende Mönch, der auf seinen abgelatschten Flipflops nach Ladakh gelaufen war.

Und dann war da Mira, eine sechzigjährige Hausfrau aus England. Sie hatte Mann und Sohn mit deren Einverständnis verlassen und war nach Indien in ein Meditationszentrum gezogen. Bis sie plötzlich verschwunden war. Es gab Gerüchte, sie hätte sich auf eine Pilgerreise um einen heiligen Fluss begeben. Niemand wusste etwas Genaues. Dann, nach drei Jahren, tauchte eine völlig veränderte Mira wieder auf. Sie war irgendwie gewachsen, ihr fehlten ein paar Vorderzähne und ihre Füße waren geschwollen, die Fußsohlen dick und geborsten wie altes Leder. Ja, sie wäre drei Jahre um einen heiligen Fluss gewandert, sei aber gleich zu Beginn der Reise bestohlen worden. Alles war weg, ihr Geld, Schecks, alle ihre Papiere und die Kleider zum Wechseln. Als ihre Schuhe kaputtgingen, sei sie barfuß weitergegangen und zu essen hätte sie, wie alle Pilger, von der Bevölkerung in den Dörfern und Städten am Fluss bekommen. Sie sei sehr krank gewesen und beinahe gestorben und von einer Familie in einer kleinen Hütte gepflegt worden. Kurz nach diesem Gespräch ist sie in die Hütte am Fluss zurückgekehrt, um dort den Rest ihres Lebens zu verbringen. Ihre Adresse hat sie nicht verraten wollen. –

Jetzt reise ich nicht mehr so viel, also habe ich mich aufgemacht und nach Menschen mit besonderen Geschichten gesucht. Und sehr viele gefunden. Von einigen will ich hier erzählen.

Ich mache eine Spritztour   Frieda K.*

Frieda ist 95 Jahre alt und wohnt in einem Altersheim in einer Kleinstadt an der Ostsee. Ursprünglich kommt sie aus Ostpreußen und hat 1944/45 die große Flucht in den Westen miterlebt. Vierzehn Millionen Menschen flohen damals aus den ehemaligen deutschen Gebieten Ostpreußen, Pommern, Brandenburg und Schlesien vor der sowjetischen Armee in den Westen.

"Am 8. März 1944 geht die Flucht los." Das Datum hat sich ihr eingebrannt. Ohne Lebensmittel, zu Fuß und mit Handwagen oder Pferdefuhrwerken, geraten sie zwischen die Fronten, denn die Kraftfahrzeuge sind dem sich zurückziehenden Militär vorbehalten und die Züge fahren nicht mehr.

Warum Frieda schon im Frühjahr 1944 flieht, kann oder will sie nicht erzählen. Tatsache ist, dass die deutschstämmigen Umsiedler aus dem nordosteuropäischen Raum 1944/45 in den alle in Osteuropa lebende Deutsche erfassenden Prozess von Flucht und Vertreibung gerieten.

"Frieda hat Glück gehabt", sagt sie. Denn auf dem Kreuzfahrtschiff, der "Wilhelm Gustloff", das zur Evakuierung von Militär und Zivilisten eingesetzt und am 30. Januar 1945 von sowjetischen Torpedos getroffen wird und sinkt, findet sie keinen Platz mehr. 9.300 Menschen sterben, nur 1.239 Passagiere werden gerettet.

Ende Januar 1945 wird Ostpreußen von der sowjetischen Armee eingekreist, und den Menschen bleibt nur die Flucht über das gefrorene Haff. Die Armee überrollt die Flüchtlingstrecks, wer eingeholt wird, dem droht Vergewaltigung und Ermordung. Das Haff taut, viele brechen ein, Kinder und Alte, die Schwachen, die nicht mehr weiterkönnen, bleiben zurück. Panzer und Tiefflieger beschießen die Wagen und die Flüchtenden.

Frieda erzählt, wie sie das Eis aufhackte und für die Kinder mit den Händen auftaute, weil es nichts mehr zu Trinken gab. Die beiden anderen Dienstmädchen, mit denen sie auf einem Bauernhof in Heilsberg von Oktober 1944 bis Januar 1945 – schon auf der Flucht – treu zusammengehalten hat, hat sie irgendwie aus den Augen verloren. "Wo die abgeblieben sind, weiß ich nicht."

Sie überlebt die Flucht zu Fuß über das Haff und kommt, erst im Güterwagen – "eingepfercht wie das Vieh", erzählt sie –, später mit der Kleinbahn, schließlich im Norden Schleswig-Holsteins an. Dort findet sie wieder Arbeit als Magd auf einem Bauernhof in Angeln.

"Die freuten sich, dass ich da für sie arbeiten kam. Gearbeitet habe ich immer. Vierzig Jahre lang. Auch in Ostpreußen war ich Dienstmädchen auf einem Bauernhof. – Morgens früh um sechs die Kühe melken, den Stall ausmisten und die Schweine füttern, danach Garten- und Feldarbeit, Kartoffeln pflanzen und ernten, und das alles für'n Appel und 'n Ei." Ihren breiten Händen sieht man die schwere Arbeit immer noch an.

Alle kennen Frieda. "Frieda tourt immer irgendwo herum", sagen sie mir im Altersheim. "Wer kennt mich nicht?" fragt sie und strahlt. Sie ist viel mit ihrem Rollator unterwegs. In dem Supermarkt-Café, in dem wir sitzen, begrüßt sie fast jeden, der hereinkommt. Sie winkt und schüttelt Hände. "Ich mache eine Spritztour", antwortet sie auf die Fragen und weist auf ihren Gehwagen. Den hat sie geschenkt bekommen, erzählt sie: "Ein ganz neues Modell, eins, das die Kurven wirklich prima nimmt. Super!" Ihr schelmisches Lachen ist einfach bezaubernd, sie hält ihren Daumen hoch und strahlt über das ganze Gesicht, man muss sich einfach mitfreuen. Mit ihrem Temperament hält sie das ganze Café auf Trab. Da, wo normalerweise ein paar Leute still zusammensitzen, ist plötzlich richtig was los.

"Ich bin froh, dass ich so noch gehen kann. Für mich hole ich jetzt alles nach. Ich hab' Strapazen genug durchgemacht. Mit 95 lasse ich mich noch nicht unterkriegen. Ich bin so zufrieden, dass ich noch so klar bin im Kopf. Die Schönheit ist doch nichts. Warum sollte ich traurig sein? Ich brauche keine Dauerwelle. Ich bin immer fröhlich und mittendrin."

"Das Altersheim ist Spitze", sagt sie und hält wieder den Daumen in die Luft. "Der Staat bezahlt alles, und ich bekomme jeden Monat hundertfünfzig Euro Taschengeld. Damit gehe ich dann ins Sekretariat und spare sogar noch was auf meinem Konto. Die haben alle für mich gestempelt, aber trotzdem hat es nicht ganz gereicht. Dabei hab ich immer geschuftet, aber wie!"

Dass sie hierher in den Norden gekommen ist, hat sie nie bereut. In dem Dorf, in dem sie gearbeitet hat, veranstalten sie jedes Jahr ein Frühlingsfest. Vorgestern war sie da und hat Schneewalzer getanzt. "Schneewalzer! Die holen mich ab, ohne Frieda geht's nicht, ohne Friedas fröhliches Gesicht. Ich hab getanzt. Die haben mich gefragt: 'Frühlingswalzer oder Schneewalzer?' 'Dann mal lieber Schneewalzer', hab ich gesagt, aber so schön, so schön! Und zum Schluss gibt's dann immer einen kleinen Schnaps: 'Bis zum nächsten Mal!' Ja, ich will die fünf Jahre bis zur Hundert noch voll haben." Und mit einer weit ausholenden Bewegung: "Ich hole alles nach, ob das nun links ist oder rechts ... alles, alles, alles."

Sie klatscht in die Hände und ruft einer Vorübergehenden ein Tschüss hinterher. "Das ist auch so eine liebe Seele." Die Brotverkäuferin kommt für einen kleinen Schnack, und die Gäste vom Nachbartisch kennt sie auch. "Super!" sagt sie.

"Ich hab doch so 'nen kleinen Wellensittich, verwöhnt bis dorthinaus. 'Kleine Biene' heißt er – wunderbar, wuuuunnderbar." Er fliegt frei im Zimmer herum, einsperren will sie ihn nicht. "Jetzt kann ich das alles so genießen. Mein Zimmer ist so schön, und jeden Morgen werde ich geweckt, ein bisschen waschen und dann das Frühstück, soooo schön! Und immer was los, ich bin immer unter den Menschen. Und abends, halb zehn ist meine Uhrzeit, dann leg ich mich fein hin und schlafe durch bis morgens um sechs."

Nachwort: Inzwischen sieht man Frieda nicht mehr so oft, sie zieht sich zurück und sagt mir, sie wolle ihre Ruhe haben. Ein Foto von ihr durfte ich nicht mehr machen, und ihren Namen möchte sie nicht veröffentlicht sehen. Die Pflegerin erzählt, sie sei auch ein wenig vergesslicher geworden.

Es scheint, als nehme sie langsam Abschied, doch sehe ich sie noch manchmal in der Eisdiele recht vergnügt ihr Eis löffeln, und so ab und zu macht sie wohl auch noch eine kleine Spritztour.

Name geändert.

Die innere Freiheit muss man sich erkämpfen
Willi Riep

Willi sammelt Wissen. Wer ihn in seinem Haus besucht, der sieht sofort, dass dies ein Ort intensivster Beschäftigung ist. An allen Wänden hängen Bilder, und mitten im Wohnzimmer stapeln sich die Bücher, die keinen Platz mehr in den bis zur Decke reichenden Regalen gefunden haben. Der Boden ist mit Zeitungen und Nachschlagewerken bedeckt, auf dem Schreibtisch findet der Computer gerade noch seinen Platz zwischen all den Notizen, Fotos und ausgeschnittenen Artikeln.

Ein Kellerraum tut Dienst als Archiv, hier finden sich die Schubladenschränke mit seiner Druckgrafiksammlung und ein großer Schrank mit nach Jahreszahlen geordneten Zeitungsausschnitten. Und auch hier sieht man überall Bücher.

Er wurde 1924 in Flensburg geboren, sein Vater war Graveur und seine Mutter Hausfrau. Nach vier Jahren Grundschule besuchte er fünf weitere Jahre die Volksschule. Die Mittelschule kostete damals acht und eine halbe Reichsmark Schulgeld im Monat, das Gymnasium zwanzig Reichsmark. Das war für die sechsköpfige Familie unerschwinglich. Willi rechnet vor: Acht Reichsmark und fünfzig Pfennig, das war soviel wie das Schwarzbrotgeld für die ganze Familie für einen Monat.

Nach der Schulzeit war ein Handwerk für ihn ausgeschlossen, da seine Gesundheit das nicht erlaubte. Es ergab sich eine Lehrstelle als Vermessungstechniker beim Kulturamt Flensburg. Das Kulturamt war damals eine Landesbehörde zur Beförderung der Landeskultur, deren Arbeitsgebiet das ländliche Siedlungswesen und die Landgewinnung beziehungsweise die Ödlandkultivierung war. 1939, mit 15 Jahren, trat der junge Willi seine Lehre an.

Zu jener Zeit waren die landwirtschaftlichen Erträge viel geringer als heutzutage. Beim Pflügen arbeitete man noch in fast allen Bereichen mit dem Pferd, dem Schleswiger Kaltblut. Bessere Düngung, bessere Maschinen, bessere Bodenbearbeitung und besser ausgebildete Menschen waren das Gebot der Stunde. Willi begriff das schneller als mancher andere. – Schon 1938, noch während seiner Schulzeit, nahm er Privatunterricht in Englisch.

Das Geld dafür verdiente er sich in einem Kaufladen auf einem sogenannten Gewerbeplatz. Eine Reichsmark und fünfzig Pfennig verdiente er da in der Woche. Die Lehrerin, Frau Oderich, nahm für den Unterricht eine Mark und neunzig Pfennig die Stunde. – Die Lehrzeit beim Kulturamt betrug drei Jahre, danach folgte eine weitere Ausbildung von zwei Jahren bei derselben Behörde.

Aber dann kam ihm der Krieg dazwischen. 1943, als Neunzehn-jähriger, wurde er eingezogen und kehrte erst im Juni 1948 aus der Kriegsgefangenschaft in Frankreich nach Hause zurück.

"Nach meiner Entlassung musste erst geprüft werden, ob mein Arbeitsverhältnis noch Bestand hatte, und als das geklärt war, konnte ich im November 1948 meinen Dienst wieder antreten. Ich benutze diese älteren Ausdrücke wie Dienst mit Absicht, weil sie auf die damaligen Verhältnisse hinweisen, und die will ich möglichst genau beschreiben", sagt er.

"Die weitere Ausbildung bis zur zweiten sogenannten behörd-lichen Prüfung musste ich dann im Sommer 1949 selbstverständ-lich nachholen." Mit fünfundzwanzig Jahren hat er seinen Ab-schluss. Aber bei der praktischen Arbeit stellt sich schnell heraus, dass er immer neue dienstliche Anforderungen bewältigen muss: "In den 1950er Jahren erfolgte mein Einsatz als Vermessungsingenieur. Weil es damals zu wenig Ingenieure gab, bin ich gewissermaßen automatisch in diese Arbeit hineingewachsen.

Immer wieder musste ich neue und andere Aufgaben übernehmen. Zum Ausgleich der Bildungslücken habe ich Volkshochschulkurse besucht. Und in einer von mir selbst organisierten Abendschule studierte ich zusätzlich Mathematik und Kartenkunde, bei der man die mathematischen Grundlagen lernte." Er erklärt: "Eine Karte ist die verkleinerte und verebnete Abbildung von Teilen der Erdoberfläche. Das heißt, die Kugelgestalt der Erde musste auf ebenes Papier übertragen werden."

Über sein Leben weiß er viel und gerne zu erzählen: "Ich besuchte nicht nur die Kurse in der Volkshochschule, sondern ich lernte, wo immer ich nur konnte. Nicht nur fachbezogene Themen, sondern zum Beispiel auch Kunstgeschichte bei Ludwig Rohling, dem Autor von 'Kunstdenkmäler der Stadt Flensburg'. Ich musste flexibel sein und mit den Menschen mitdenken. Die meisten Menschen sind wohl nicht so anpassungsfähig und umgänglich wie ich, aber das darf ich eigentlich nicht sagen."

Seine Kollegen kannten seinen Eifer und sein Talent, sich neue und andere Wege zu suchen. "Er hatte mehr so'n Schiet, aber auch 'nen Duden", sagt er schmunzelnd über sich selbst. "Ich musste flexibel und gleichzeitig sehr genau sein. Wie das geht? Wenn ich zum Beispiel zwei Kostüme zur Auswahl habe, ein rotes und ein grünes, kann ich in der Wahl des Kostüms flexibel sein, aber bei der Wahl der passenden Accessoires muss ich dann sehr genau sein."

1952 heiratet Willi seine Frau Marie, sie bekommen "hintereinanderweg" vier Jungen. Vierzig Jahre sind sie verheiratet, als seine Frau 1992 stirbt.

An der Wand in der Veranda ein mit kleinen Vasen voll gestelltes Regal: "Das bleibt so wie es ist, die staube ich selber ab." Denn Marie hat Vasen gesammelt, und die Vitrinen mit ihrer Sammlung erinnern ihn an sie.

Was denkt er über Sammeln und Ordnung, wie schafft es seine Haushälterin, ihm nichts durcheinanderzubringen?

"Frau V. weiß das alles, und an meinen Schreibtisch braucht sie nicht ran. Und in die Ecken vom Wohnzimmer kommt doch sowieso keiner. Leute, die Ordnung halten, haben ein schlechtes Gedächtnis. Trotzdem, ich genieße es sehr, in einen ordentlichen Haushalt zu kommen – herrlich! In meinem Haus stapelt sich alles. Mein Sohn hat gesagt: 'Vater, du kannst nicht in ein Altersheim, du hast zu viele Bücher.' Mal abgesehen von den Mappen mit der Grafik, die sich hier im Laufe der letzten sechzig Jahre angesammelt haben. Aber bei mir hat das alles seine Ordnung, auch wenn es auf den ersten Blick nicht so aussieht: Botanik steht bei Botanik, Kunstgeschichte bei Kunstgeschichte."

"In der beruflichen Arbeit habe ich mich immer auf andere Menschen einstellen, auf andere achten müssen. Wünsche, Forderungen und Beschwerden bearbeiten, darin musste ich anpassungsfähig sein. Bei Verhandlungen mit Bauern musste ich denken wie ein Bauer. Beim Gespräch mit dem Bürgermeister muss man an die Gemeinde denken und beim Gespräch mit dem Straßenbauer muss man für den Verkehr denken. Darum musste ich mich laufend weiterbilden.

Ich habe Zeichnen gelernt und Sprachkurse belegt. Aber der Kollege nebenan musste das natürlich auch tun. Wissbegierde und die Fähigkeit, sich auf etwas einzustellen, gehörten dazu. Meine berufliche Stellung hatte zwangsläufig eine Querschnittsfunktion. In den späteren Jahren erlangte der Naturschutz eine immer größere Bedeutung für mich, nicht nur in der praktischen Arbeit, sondern auch in der Begegnung mit den Betroffenen und in der Beschäftigung mit den sich allmählich verändernden gesetzlichen Bestimmungen."

Die Anpassung daran erforderte immer wieder neues Lernen. Er musste wissen, was Moore und Sümpfe und was Brüche sind, was Dünen, Heide und Trockenrasen auszeichnet.

"Alles ökologische Begriffe. 'Das hatte er noch nicht im Sinn, also rennt er zur Volkshochschule hin.' Das hat einer meiner Kollegen über mich in der Betriebszeitung gedichtet", lacht er.

Es gab noch viel mehr zu lernen, also absolvierte er an der Universität Tübingen ein Fernstudium in Naturschutz und Landschaftspflege. Und eine Zeitlang war er sogar Vogelwart auf der Geltinger Birk, einem Naturschutzgebiet in Angeln. Und Mitglied der geobotanischen Arbeitsgemeinschaft in Kiel ist er immer noch.

"Die Pflicht, mich mit der Natur zu beschäftigen, hatte in meinem Hobbybereich ihre Entsprechung. Ich sammelte Pflanzenbilder und Pflanzenbücher, aber auch neue Bücher zum Thema Botanik, Naturschutz und natürlich auch der Vogelkunde."

Ob die Pflanzenbilder zum Sammeln von Grafik geführt hätten? "Ich habe schon immer eine Vorliebe für die alten Kupferdrucke aus Botanikbüchern gehabt. Ich finde sie einfach schön und technisch sind sie hervorragend gearbeitet."

Der Computer steht auf dem vollgepackten Schreibtisch, rundherum Regale mit Lexika. Ansonsten Kunst und Geschichte, Pflanzen, Karten und Grundrisse, Wildrosen und Knickvegetation, von der Flurbereinigung in Emmelsbüll bis hin zu moderner Grafik. Im Wohnzimmer ist gerade noch Platz für einem gemütlichen Lesesessel mit anmontierter Leselampe.

Die Wände hängen voll schön eingerahmter Druckgrafiken. Die sammelt er mit wahrer Leidenschaft. Seinem geschulten Blick sind auch abstrakte und moderne Kunstwerke nicht fremd. Während er mit dem Finger über die Arbeiten fährt, beschreibt und erklärt er, was er sieht. Es eröffnen sich Zusammenhänge und Bedeutungen, und zu fast jedem Bild gibt es eine Geschichte.

Und er ist ein begeisterter Fotograf. Vor Jahren ist er auf die digitale Fotografie umgestiegen, seitdem bearbeitet er seine Bilder auf dem Computer selbst.

Spiegelungen im Wasser, die an impressionistische Malerei erinnern, der Funkturm in Berlin diagonal über das ganze Bild gestellt – eine beinahe abstrakte Komposition.

"Für dieses Bild habe ich zwei Stunden gebraucht, bis ich den richtigen Platz für das Foto gefunden hatte, einmal rund um den Turm bin ich gewandert. Und dann stand da eine Wolke auf dem verkehrten Platz. Der Hintergrund musste ja in den Bildaufbau passen. Und dann habe ich endlich nur ein einziges Foto gemacht."

Auch die groß ausgedruckten Bildcollagen verschiedener Kirchen aus Angeln zeigen, wie konsequent er arbeitet. Die teils aus Felsquadern erbaute romanische Kirche wirkt schwer und massig durch den gewählten Ausschnitt, die Detailfotos verstärken diesen beinahe taktilen Eindruck. Eine andere strebt zierlich und verschnörkelt in die Höhe, hier setzt er Details von Blumenornamenten und lichtdurchfluteten Durchgängen ein.

"Ich habe viel fotografiert, man findet das Bild im Sucher. Wenn das Bild dort fertig ist, drückt man auf den Auslöser. Es drängt sich so auf, ist das zu technisch? Sollte es vielleicht heißen, auf den Auslöser drücken, wenn das Bild in Gedanken fertig ist?"

Im Keller, wo er den größeren Teil seiner Grafiksammlung in Schubladenschränken aufbewahrt, öffnet er eine vollgepackte Schublade nach der anderen. Radierungen, Linoldrucke, Holzschnitte und Kupferstiche, Pflanzenbilder und Stadtansichten. Figürliches wechselt mit Abstraktem. Eine Auswahl hat er aus verschiedenen Editionen erworben und er hat sein ganzes Leben lang Galerien, Kunsthandlungen und Museen aufgesucht. Er besucht immer noch Künstler in ihren Ateliers gemeinsam mit einer Gruppe Kunstliebhaber der Volkshochschule. So habe ich ihn kennengelernt. Und immer hat er gekauft, was ihm gefiel. In seiner Sammlung findet man bekannte und unbekannte Künstlernamen. Er kauft gerne direkt bei den Künstlern. Dass die Leute ausgerechnet bei Künstlern ein Schnäppchen ergattern wollen, versteht er gar nicht.

Willi hat verschiedene Serien der einzelnen Arbeitsphasen von Drucken zusammengestellt, er zeigt mir, wie viele Arbeitsvorgänge in einem einzigen Druck stecken. Genau erläutert er die verschiedenen Phasen, nennt die Kosten von Papier und Farbe und schätzt die jeweilige Arbeitszeit.

"Und dann habe ich noch nicht berechnet, dass der Künstler das ja auch alles können muss, dass er das gelernt hat! Wie viel wollen Sie jetzt dafür geben? Zwanzig Euro, oder darf es doch etwas mehr sein? Wie viel wollen Sie dem Künstler denn pro Stunde zahlen? So viel wie der Reinmachefrau oder doch etwas mehr? Das sehen die Leute im Allgemeinen nicht. Dafür kann ich nicht, wenn die Leute nicht gucken und nicht denken wollen."

Er legt von verschiedenen Künstlern hergestellte Ansichten desselben Ortes auf den Tisch, um auf die Vielfalt von Sichtweisen hinzuweisen.

Natürlich würde er seine Sammlung gerne in einem Museum zeigen, um den Leuten diesen lebenslangen Prozess des Sehen-

Lernens vorzustellen, dazu hat er die Serien schließlich zusammengestellt. Aber: "Die wollen mich nicht."

"Wie ich zum Sammeln von Grafik kam? Das kam so, ich wollte unbedingt einen Druck von Eckner haben, ich glaub', ich war damals 28 Jahre alt. Also bin ich in so einen Laden rein. Da hab ich meine erste Radierung gekauft. Für dreißig Mark, das war damals richtig viel Geld für mich. Und dem Händler musste ich versprechen, gut auf den Druck aufzupassen."

Vorsichtig nimmt er eine Radierung aus der Schublade, eine Frau steht an einer Kommode im Licht, das aus einer Tür fällt, die Schraffierungen von Hell und Dunkel geben der Grafik ihren besonderen Reiz. Ein schönes kleines Blatt von zwanzig mal dreißig Zentimetern.

"Sehen lernt man durch sehen. Sich die Zeit nehmen, aufmerksam sein, nachdenken wollen. Das dauert eben lange, wenn man Kunst anguckt. Ich weiß, wie Langeweile geschrieben wird, aber ich weiß nicht, wie man das macht."

"Die innere Freiheit muss man sich erkämpfen", sagt er, "tolerant sein, sich nicht beleidigen lassen. Wenn jemand zu mir sagt: 'Du bist 'n Döösbaddel', antworte ich: 'Ja, dat seggt mien Fru ook.'"

"Ich habe beim Sehen sehen gelernt. Als Junge mit acht Jahren war ich bei meinem Onkel Max in Kopenhagen, der hat mir viel gezeigt. Wenn Tante Annie und ich zu Fuß in Kopenhagen unterwegs waren, dann hat er mich gefragt: 'Was hast Du gesehen, einen runden Turm? Was ist das, rund? Beschreib das mal. Wie rund, mach mir das mal vor.' Im Staudengarten sollte ich mir Blumen angucken, aber richtig. Den Stempel, die Blütenblätter und die Anordnung der Blätter. Er hat mich in Museen mitgenommen, in das Schifffahrtsmuseum geführt, mir Schloss Helsingør und Schloss Kronborg gezeigt. Und immer musste ich alles beschreiben, was ich gesehen hatte."

Willi fährt mit dem Finger über eine Druckgrafik: "Wenn ich ein Bild anschaue, sehe ich hier, wie jemand ins Bild reingeht, und dann diese Linie hier, so, um die Ecke. Und die hier hinten, die gehen sogar in die Stadt rein, und diese hier, die kommen gerade von dem Hof da. Und hier sehen Sie ein ganzes Bild und da einen Ausschnitt. So gucke ich mir alles ganz genau und immer wieder an. Man macht immer das, was gerade an der Reihe ist. Das ist jetzt dran. So. Und jetzt das. Jetzt! So wie wir diesen Sandkuchen gegessen haben. Da nehme ich mir ein Stück, dann beiße ich rein, dann sage ich: "Hmm, das schmeckt mir aber", dann nehme ich noch einen Bissen, dann leg ich das Stück wieder auf den Teller. – Jetzt ist dies und jetzt das. So geht das!"

"Feste Zeiten habe ich nicht. Ich bin Amateur, kein Profi. Das ist auch ein Vorteil. Ein Amateur kann an jeder beliebigen Stelle anfangen und wieder aufhören. Und – keine Vorurteile beim Sehen haben, und dabei aufmerksam und flexibel sein, das ist auch wichtig."

"Tüchtig sein heißt wissen, was man kann. Gut ist man, wenn man weiß, was man nicht kann. Aber richtig tüchtig ist jemand, der auch sagen kann, was er nicht weiß." Schubladendenken kennt Willi nicht, auf die Frage nach eventuellen Schubladen antwortet er: "Ob ich Schubladen habe? Nö, ich hab eher zu wenig Schubladen", und er weist auf die sich auf dem Boden stapelnden Zeitschriften und Bücher.

"Die Schwierigkeiten beim Selbst-Lernen: Man muss genau überlegen, was man wissen will. Die innere Freiheit muss man sich erkämpfen. Man muss Nachdenken wollen. Viele denken wohl nicht so gerne, das sollte man aber. Ist schlimm genug, dass wir nicht alles wissen."

Über seine Vorzüge hat er nicht so gründlich nachgedacht. "Ich bin freudig ernst. Uns geht's gut. Wenn ich denke, dass es gut geht, dann geht's auch gut. Ich denke, dieser Kuchen vom Bäcker, der ist wirklich gut, der ist immer gut, das wird auch meinen Besuch freuen, wenn ich davon was kaufe. Und das ist dann wieder ein Grund zur Freude für mich, wenn dem Besuch mein Kuchen schmeckt. So was kann man lernen. Ich dreh alles so hin, dass ich mich freue. Das war natürlich ein Witz ...", sagt er, und: "Die Abgründe des Lebens, die kommen alle ganz von selbst."

"Warum sollte ich darüber jammern, dass diese Grafik verblasst ist, sie ist doch noch immer schön, und mein Rasen braucht auch nicht vertikutiert zu werden, Moos ist doch auch grün", sagt Willi und diktiert mir den letzten Satz: "Ich hab' immer wieder Glück gehabt."

Mensch Anna, wir sind stolz auf dich!
Anna und Mimis Dimitriou Kouvatsidis

Durch den Hinterhof einer kleinen Maschinenfabrik kommt man zu einer langen Treppe, die hintenherum zum Haus von Anna und Mimis Dimitriou Kouvatsidis führt. Ein kleines Paradies mit sorgfältig gepflegtem Rasen, in Form geschnittenen Büschen, Rosensträuchern und Blumentöpfen grenzt an die von hohen Bäumen umgebenen benachbarten Schrebergärten. Eine große Terrassentür führt direkt in den Garten.

Anna ist 65 Jahre alt. Geboren ist sie im nordgriechischen Serres, 80 km von Thessaloniki entfernt. Sie machte eine Schneiderlehre und lernte, als die Eltern aus beruflichen Gründen nach Thessaloniki zogen, dort ihren zukünftigen Mann Efthimis, genannt Mimis, kennen, den sie 1966 heiratete.

Mimis war als junger Mann von 17 Jahren mit seiner Schwester nach Deutschland gezogen und hatte dort eine Arbeit gefunden. Anna folgte ihm 1968, nach anfänglichen Schwierigkeiten mit ihrem Vater, der erst Nein sagte zu einem Zusammenleben außerhalb der Heimat.

Seit 1967 Papadopoulos beim sogenannten Obristenputsch in Griechenland die Macht ergriffen und eine Militärdiktatur errichtet hatte, gab es im Land kaum mehr Arbeit. Griechische Arbeitskräfte wurden damals von deutscher Seite aus angeworben.

So durchlief auch Anna das Auswahlverfahren und bekam eine Arbeit am Fließband einer Schokoladenfabrik in Hamburg zugewiesen. Die Stadt gefiel ihr, sie wohnte mit den Kolleginnen zusammen und schrieb begeisterte Briefe nach Hause. Die deutsche Sprache lernte sie mit Hilfe eines Lexikons.

Ihr Mann Mimis arbeitete damals schon als Maschinenführer in Flensburg. Nach acht Monaten fand auch sie dort eine Arbeit und konnte zu ihm ziehen. Dort war sie weitere elf Monate in einer Fabrik am Fließband beschäftigt, bis sie endlich eine Arbeit in ihrem Beruf als Schneiderin fand.

"Gastarbeiter ist ein schönes Wort, finde ich", sagt Anna und lächelt. "Deutschland hat uns eingeladen, weil hier dringend Arbeitskräfte gebraucht wurden. Wir sind als Gäste gekommen. Ich

bin ein Gast, ich arbeite und ich
kann weggehen, wann ich will."
Die beiden arbeiteten und sparten,
denn sie planten, irgendwann nach
Griechenland zurückzukehren und
sich dort ein Haus zu kaufen. Die
ersten zehn Jahre in Deutschland
waren nicht leicht, Anna verzehrte
sich vor Heimweh: "Ich habe jeden
Tag geweint. Wir vermissen die
Sonne und die Nachbarschaft."
"Wir suchen die Gemeinschaft, wir
gehen raus, um die Leute zu tref-

fen, und die Kinder nimmt man mit", sagt Mimis und ergänzt:
"Die spielen und bleiben auch bis abends spät mit draußen. Man
musste schon gute Nerven haben, um hier in Deutschland zu
bleiben."

Anna lacht und erzählt, die Schwiegermutter hätte zu ihr gesagt,
sie passe ganz gut nach Deutschland, sie sei tüchtig und sie hätte
Disziplin. "Gut, schnell und billig", sagt sie. "Und nicht zu klug!"
kommentiert Mimis.

Bald wird der Erste von den zwei Söhnen geboren. Sie kaufen sich
ihr Traumhaus in Griechenland und fahren jedes Jahr dorthin.
Aber sie haben Pech. Eine Brücke wird so dicht an ihr Haus heran
gebaut, dass die Außenwände instabil werden. Eine Entschädi-
gung gab es nicht, und der Traum eines eigenes Hauses in ihrer
Heimat war damit ausgeträumt.

Aber sie hatten auch großes Glück. Die Nachbarn in der Terras-
senstraße, Frieda und Ferdinand Jepsen, ein kinderloses Ehepaar,
werden ihre besten Freunde und ersetzen den beiden Söhnen die
Großeltern. Sie kümmern sich rührend um die Familie und sind
immer für sie da. "Ohne die beiden hätte ich das nicht geschafft."
Anna bekommt Tränen in die Augen, als sie erzählt, dass ihre geliebten Freunde kurz nacheinander vor zwei Jahren gestorben
sind. Sie läuft schnell ins Wohnzimmer, um Fotos zu holen.

Inzwischen sind ihre Söhne erwachsen. Beide sind Akademiker
geworden und haben ihre eigenen Familien. Sie sind vollkom-

men in Deutschland etabliert und haben hier ihre Arbeit und ihre Freunde. Und der Kontakt zu Familie und Freunden in Griechenland ist natürlich mit den Jahren weniger geworden. Anna und Mimis werden in Flensburg bleiben, bei ihrer Familie und ihren Freunden.

Als Anna aus Gesundheitsgründen nicht mehr arbeiten kann, überlegt sie sich, was sie tun könnte. Seit Jahren schon ist sie aktives Mitglied in der griechischen Gemeinde und trifft sich einmal im Monat mit anderen Griechinnen. Sie handarbeiten und kochen zusammen, organisieren Sprachunterricht, gemeinsamen Sport und einmal im Monat ein Familientreffen. Und schon 1985 hat sie eine Frauengruppe gegründet, die sich für die Belange von zugewanderten Frauen und für den interreligiösen Dialog einsetzt.

"Ich möchte etwas von mir geben. Da sage ich, solange es nur geht, nirgendwo Nein. Das ist ein guter Grund, mein eigenes Leid und meine eigenen Sorgen zu vergessen. Ich überlege mir, was ich geben kann, und dann fange ich ganz klein an. Das versuche ich, und wenn das geklappt hat, dann habe ich wieder den Mut für das Nächste bekommen.

Anderen helfen ist so wichtig! Inzwischen kenne ich die Mentalität der Leute hier. Als ich die alten Leute hier im Heim gesehen habe, war das schrecklich für mich. Damals in Griechenland habe ich schon als Kind die Wassereimer für die alten Leute getragen.

Wir hatten kein fließendes Wasser. Dort hilft man sich gegenseitig. Und so komme ich aus diesem Land, und das wollte ich hier weitergeben. Ich will etwas Gutes mitbringen, ich bin froh, wenn ich nützlich bin für die Welt."

Sie setzt sich als gewählte Vertrauensperson im "Turnclub Flensburg" ein, ist Mitglied im Seniorenrat und aktiv im Frauenforum, in dem alle Flensburger Frauengruppen und Vereine vertreten sind. Sie gibt griechische Kochkurse an der Volkshochschule und im "Haus der Familie". Und sie organisiert jedes Jahr im März das internationale Frauentreffen und jedes Jahr im November die "Interkulturelle Woche". Dort haben sie letztes Jahr ihr zehnjähriges Jubiläum gefeiert. Und jeden Monat gibt es ein Arbeitstreffen zur Vorbereitung der nächsten Veranstaltung.

Auf die Frage hin, wie sie es denn anfange, die Menschen aus ihren Höhlen zu locken und zusammen zu bringen, antwortet sie: "Organisiere ein Fest!"

Und das kann sie. Sie schreibt Anträge für interkulturelle Projekte, entwirft die Einladungen und Plakate, sorgt für das Programm, sie organisiert die Musikgruppen und lädt zu Salsa und Bauchtanz ein. Und sie moderiert die ganze Veranstaltung. Sie zählt auf, wie viele verschiedene Nationalitäten es in der Stadt gibt. 138 sind es, rechnet sie vor, aus Afrika, aus Asien – einfach von überall her. Über den Integrationsrat ist sie als Mitbegründerin Mitglied des "Runden Tisches", eine Initiative von Menschen mit Migrationshintergrund und gebürtigen Deutschen.

Anna hat die Gabe, zu erkennen, was die Leute können, und sie dann zusammen zu bringen. "Ich bin offen", erklärt sie, "Offenheit hilft. Wenn man alles positiv denkt, dann hat man immer Lust, weiter zu machen. Positive Menschen sind immer gütige Menschen und haben auch viel Geduld. Ich lasse die anderen vor. Demütig zu sein, ist nicht verkehrt für mich."

Als die griechischen Kinder einen Volkstanz aufführen sollen, besorgt sie Stoffe und lädt deren Eltern ein, mit ihren Nähmaschinen zu ihr zu kommen und die Kostüme zu nähen. "Das Geratter von zehn Nähmaschinen in unserem Wohnzimmer!" lacht sie. "Und im Kreis haben wir uns dann natürlich auch unterhalten. So lernt man sich kennen." Die Leute rufen sie an, wenn sie einen Griechischlehrer brauchen oder Hilfe nötig haben bei den Einwanderungspapieren. Anna koordiniert und organisiert alles. "Das Gute ist, man kann doch nur eins nach dem anderem tun. Immer alles schön nacheinander."

"Manchmal muss sie allerdings auch aufpassen, dann geht der Blutdruck auf 200", wirft Mimis ein. Während wir auf der Terrasse sitzen und Jasmintee trinken, geht immer wieder das Telefon, denn Anna hat diese Woche zu sich nach Hause eingeladen und nimmt jetzt die Anmeldungen entgegen. "Hier?!" Mimis weiß noch nichts von seinem Glück. Anna zwinkert ihm kurz zu und erzählt dann stolz, wie ihr Mann am Grill stehe und die Gäste bekoche und bewirte.

Auch Mimis engagiert sich ehrenamtlich, er war lange Vorsitzender der griechischen Gemeinde und ist im Seniorenbeirat tä-

tig. Aber ab und zu gibt er lieber Geld: "Manche Leute wollen sich doch nur profilieren, aber die Leute brauchen keine Nettigkeit, sie brauchen richtige Hilfe." Er mag lieber direkt helfen, mit anpacken und nicht soviel reden.

"Es wird zusehends schwieriger für die Leute, gerade auch für die Jungen, sie finden keine Arbeit mehr", sagt er. 33 Jahre hat er bei Danfoss als Einrichter an der großen Presse gearbeitet, jetzt sind alle großen Firmen weg und die jungen Leute sind arbeitslos. "Auch hier, nicht nur in Griechenland, hat sich die Lage dramatisch verschlechtert." Er ist jetzt 69 Jahre alt und war ganze 52 Jahre in Deutschland. "Ich habe immer gearbeitet", sagt er. "Körperlich schwere Arbeit. Früher kannten wir unsere Rechte nicht, das ist jetzt besser."

Vor 30 Jahren schon hat er bei der Stadtverwaltung alles Mögliche versucht, um so etwas wie einen Integrationsrat zu gründen: "Es geht auch um das große Ganze. Es gibt auch Grenzen, da musst du nicht nur lieb und nett sein. Es war schwer, als Ausländer Anerkennung zu bekommen", sagt er. Damals gründete er mit Kollegen ein Integrationshaus, und sie bekamen vom Rathaus die Zusage, Räume im Haus des Deutschen Roten Kreuzes umsonst nutzen zu können. Aber dann stand plötzlich der Gerichtsvollzieher vor der Tür, sie sollten Miete zahlen, 600 Mark im Monat. Sie weigerten sich, und schließlich kam die Polizei und sie wurden mitgenommen. Erst als die Arbeiterwohlfahrt das Haus übernahm, hörten die Schwierigkeiten endlich auf.

"Diese Menschlichkeit haben wir nicht sofort bekommen", meint er. Anna sagt, sie erzähle lieber das Positive, sie möchte über Achtung, Vertrauen und Respekt reden. Gegen die wachsende Kluft zwischen Einheimischen und Zuwanderern unterstützten sie beide den deutsch-griechischen Dialog in der 1992 gegründeten deutsch-griechischen Gesellschaft. Sie sind Gründungsmitglieder und haben sich zehn Jahre lang im Vorstand engagiert.

2010 bekam Anna für ihr Engagement den Ehrenamtspreis der Stadt Flensburg. Sie zeigt mir ihre Urkunde und den Zeitungsausschnitt. Darauf ist sie stolz.

"Wir sind alle Kinder Gottes, wir müssen einander helfen. Alles hier ist geliehen, das letzte Hemd hat keine Taschen", sagt sie. Und: "Ich versuche immer nett zu sein. Ich bleibe so, wie ich bin, ich verderbe meinen Charakter nicht, auch nicht für Geld. Manchmal lerne ich von den Leuten, ich lerne sogar sehr viel von ihnen. Und ich will von den anderen hören, dass ich das gut mache. Du lebst bewusst, das will ich hören. Dann fange ich an, auch selber daran zu glauben, dass ich das schaffe, und so bekomme ich den Mut, weiter zu machen. Doch, du kannst das! Ein Dankeschön gibt mir die Kraft. Daraus lerne ich, Vertrauen zu haben und meine eigene Meinung zu sagen und die Leute zu motivieren. Das ist ganz langsam gegangen, erst kommt die Anerkennung, dann mehr Mut, immer so weiter und immer in kleinen Schritten. Am meisten freue ich mich, wenn andere Frauen mir das sagen und dann zu hören: 'Mensch Anna, wir sind stolz auf dich!'"

"Wo immer du gerade bist ist der Eingang."   Kabir

Ich brauche eine sinnvolle Beschäftigung
Gertrud Kriener

Bevor überhaupt ein erstes Telefonat mit Gertrud Kriener zustande kommt, liegt schon ein langer Brief von ihr im Briefkasten. Sie schickt Fotos von den Puppen, die sie für die Kinder einer Dialyse-Station in Essen genäht hat, und schildert zusammenfassend ihre verschiedenen ehrenamtlichen Tätigkeiten. Sie wohnt weit weg von meinem derzeitigen Wohnort, in der Mitte Deutschlands, also rufe ich sie kurz darauf an.

Gertrud Kriener ist 83 Jahre alt. Sie lebt, nach einem bewegten und im Krieg sicher auch abenteuerlichen Leben, in einer kleinen Erdgeschosswohnung in Mülheim an der Ruhr. Vor drei Jahren hat sie in kluger Voraussicht ihre Eigentumswohnung verkauft. "Ein guter Set", sagt sie, "denn jetzt hätte ich die Treppen nach der ersten Knieoperation und der noch anstehenden Operation nicht mehr bewältigen können."
In Leipzig geboren und aufgewachsen, sah sie sich durch die Ereignisse des Zweiten Weltkrieges schon als sehr junges Mädchen auf sich selbst gestellt. Bis dahin hatte sie ganz normal die Schule besucht und davon geträumt, Ärztin zu werden. Der Vater leitete die Niederlassung einer großen deutschen Firma, und sie lebte mit Eltern und Bruder ein geregeltes und glückliches Leben.
Leipzig wurde am Ende des Zweiten Weltkrieges zunächst von den Amerikanern besetzt, doch dann hieß es plötzlich, die Russen kämen. Und der ältere Bruder sagte: "Die Gertrud, die muss sofort weg!"
Ein Lastwagen der väterlichen Firma sollte sie so schnell wie nur möglich als schwarze Passagierin mitnehmen nach Frankfurt. Ihre Cousine Renate, mit der zusammen sie so plötzlich aufbrechen

und ihre Heimat verlassen musste, hatte einen Passagierschein, da sie nur zu Besuch in Leipzig gewesen war.

Die Fahrt mit dem Lastwagen dauerte ewig, eine ganze Woche lang harrten die beiden Mädchen hinten auf einem Anhänger in der Kälte aus. Und wenn das amerikanische Militär kontrollierte, musste Gertrud schnellstens unter einer Decke verschwinden, während die hübsche Renate die Soldaten mit geschickten Ablenkungsmanövern täuschte. Ihr Ziel war Honnef am Rhein, die Heimatstadt der Cousine.

Sie wussten aber nicht, ob das Elternhaus der Cousine überhaupt noch existierte, ob die Eltern noch da wären, ob sie überhaupt noch lebten.

Immer wieder gab es Aufenthalte, Wartezeiten, waren lange Umwege zu machen. Als sie endlich in Frankfurt ankamen, organisierten sie sich schnell einen weiteren Laster, der sie, wieder mit vielen Schwierigkeiten und Umwegen, schließlich in der Heimatstadt ihrer Cousine ablieferte. Bei der Ankunft sprang diese aus dem Wagen und rannte wie der Blitz in den nächsten Laden. Existierten die Eltern noch?

Große Erleichterung, die Eltern sind noch da. Zuerst lebt Gertrud in dem großen Haus der Familie in Honnef, doch als nach einiger Zeit ihr Bruder aus dem Lazarett entlassen wird und beim Onkel in Mönchengladbach Unterschlupf findet, zieht es sie dorthin. Die Geschwister waren endlich wieder vereint.

Aber sie hat es dort nicht leicht. Obwohl sie eine gute Schülerin ist und gerne in die Mariahilf-Schule zu den alten Nonnen geht, wo sie 1948 auch ihr Abitur macht. Ein Gebäude des Mariahilf-Krankenhauses ist zur Schule umfunktioniert worden. "Die Nonnen waren richtig klug", erinnert sich Gertrud.

Aber dann bekommt sie Schwierigkeiten mit dem Onkel. Der macht sie für eine ihrer Cousinen mitverantwortlich, sie soll auf diese aufpassen. Die Cousine ist schlecht in der Schule, und Gertrud soll jetzt dafür sorgen, dass sich das ändert. Aber die Cousine macht ihr einen Strich durch die Rechnung. Sie ist faul und schwänzt die Schule, und Gertrud bekommt die Schuld. So packt sie schließlich wieder ihren Koffer und macht sich auf den Weg zurück nach Hause, nach Leipzig.

Der Zug brachte sie bis nach Helmstedt, weiter ging es nicht. Wieder musste sie schwarz über die Grenze, denn ihre Heimatstadt lag inzwischen in der sowjetischen Zone. Also musste sie zu Fuß weiter, mitten in der Nacht durch den Wald bis Marienborn und schließlich weiter mit dem Zug nach Leipzig. – Endlich wieder zu Hause angekommen, findet sie zu ihrem Glück die Eltern gesund und wohl vor. Und sie beschließt, zu studieren.

"Ich wäre gern Kinderärztin geworden, durfte dann aber nicht studieren, weil ich kein Russisch konnte. Das war bitter. Also habe ich mich für eine Schneiderlehre entschieden. In dem Schneiderbetrieb gefiel es mir erst sehr gut, bis er von den Russen übernommen wurde. Von da an herrschte ein anderer Ton. Da war eine Russin, die machte es einem nicht leicht, da wurde richtig herumkommandiert wie beim Militär. Das war ziemlich schlimm. Trotzdem möchte ich die Zeit nicht missen, die hat mich geprägt."

Als die Firma des Vaters eines Tages Bescheid gibt, er würde in Hannover gebraucht, packt die ganze Familie heimlich ihre Sachen. In der Nachbarschaft lassen sie durchschimmern, sie zögen nur innerhalb der Stadt um, in eine andere Wohnung.

Der Hausrat wurde heimlich mit einen Firmenlastwagen in den Westen transportiert, und am 27. Januar 1950 flog die ganze Familie mit einer amerikanischen Militärmaschine von Berlin in die Westzone, nach Frankfurt am Main. Von da aus ging es mit dem Zug weiter nach Hannover. Aber dort war noch keine Wohnung zu haben, also ging es wieder zum Onkel nach Mönchengladbach. Erst als der Vater endlich eine Wohnung fand, war die Familie wieder vereint.

Gertrud machte ihre Schneiderlehre zu Ende, studierte danach auf einer Modeschule in Düsseldorf und machte dort 1954 auch ihr Examen.

Ihren Mann lernte sie 1952 in Düsseldorf kennen. "Das war die schönste Zeit", berichtet sie, "die Eltern wohnten weit weg, und so konnten wir machen, was wir wollten."

Später belegte sie einen Meisterkurs bei der Industrie- und Handelskammer in Bielefeld, und er machte sein Examen als Architekt.

Sie fand dann Arbeit bei einer großen deutschen streng katholischen Bekleidungsfirma:

"Weil mein Abiturzeugnis von einer katholischen Einrichtung kam, von den Nonnen, konnte ich mich durchschummeln. Der Personalchef hat uns jeden Morgen gefragt, ob wir schon in der Kirche gewesen wären und gebetet hätten. Damals wohnte ich, weil ich für einen der Zwischenbetriebe der Firma arbeitete, in einem Mädchenheim in Bochum. Da habe ich dann aber bald gekündigt."

Die beiden heiraten 1956. Ein Jahr später hält Gertrud ihr Industriemeister-Diplom in den Händen, und der Erste der drei Söhne wird geboren.

Ihr Mann baute ein Mehrfamilienhaus in Wuppertal, sie vermieteten zehn der zwölf Wohnungen an sogenannte "Verdrängte" und zogen selbst in die übrigen zwei Wohnungen. Endlich hatten sie ein richtiges Zuhause. Sie bekamen zwei weitere Söhne und anfangs nähte Gertrud weiterhin für ihre Privatkunden, aber bald hörte sie auch damit auf und widmete sich ganz ihrer Familie.

Als nach zehn weiteren Jahren ihr Mann schwer erkrankt, pflegt sie ihn dreizehn lange Jahre bis zu seinem Tod im Jahre 1979. Ihr Jüngster ist gerade mal vierzehn Jahre alt, als ihr Mann stirbt.

"Die Männer aus der Kriegsgeneration hatten wohl alle traumatisierende Erlebnisse, und das hat ihre Gesundheit angegriffen. Ich habe mir gesagt, du bist ja nicht alleine mit deiner Trauer, vielen geht es so wie mir. Das hat mir sehr geholfen. Und ich habe damals sofort gewusst, dass ich eine sinnvolle Beschäftigung brauche. Ich habe mich an unseren Gemeindepfarrer gewandt und sehr bald mit der ehrenamtlichen Gemeindearbeit angefangen."

Seitdem setzt sie sich nicht nur unermüdlich für andere ein, sondern sie bildet sich auch weiter und sie lernt, wo sie nur kann. Sie ist kreativ und denkt sich Projekte aus, mit denen sie helfen und ermutigen kann. Sie schreibt:

"Seit längerer Zeit besuche ich einen Englisch-Kurs. Da die Volkshochschule uns nichts mehr anbieten konnte, machen wir jetzt im Raum eines Gemeindehauses privat weiter. Wir sind zehn Damen im Alter zwischen 60 und 85 Jahren.

Die Lehrerin hatte uns schon vor Jahren gebeten, ihr doch nichts zu Weihnachten zu schenken, sondern ihr lieber etwas für die Kinder der Dialyse-Station der Uni-Klinik in Essen zu geben. Inzwischen war ich mit ihr dort, und die Stationsärztin hat uns alles gezeigt und erklärt. Da kam mir sofort die Idee, Handpuppen zu arbeiten, so dass die Kinder von Bett zu Bett miteinander kommunizieren können. Das ist sehr gut angekommen.

Jedes Jahr habe ich nun etwas anderes gestaltet und in die Klinik gebracht. Die Kinder müssen dreimal in der Woche für vier Stunden an die Dialyse. Für gute Betreuung sorgen Sozialpädagoginnen. Die Schulkinder müssen natürlich zuerst ihre Hausaufgaben machen und können sich dann mit anderen Dingen beschäftigen.

Weder die Eltern noch das Krankenhaus können ständig für Beschäftigungsmaterial aufkommen. So ist das eine schöne Aufgabe für mich. Letztes Jahr habe ich einen großen Karton mit Beschäftigungsmaterial zusammengestellt. Dieses Jahr sollen Puppen und Plüschtiere die Kinder erfreuen. Selbstverständlich mache ich alle Puppen und Tiere selbst. Die Kosten für das Material tragen alle Kursteilnehmerinnen gemeinsam. Mein Traum ist es noch, Spiele zu erfinden, die die Kinder miteinander und auch auf die Entfernung von Bett zu Bett spielen können.

Vor drei Jahren rief mich unser Gemeindepfarrer an: 'Ich brauche einen Esel als Spardose! Können Sie mir helfen?' Also habe ich einen Esel gebastelt. Er hat einen gehäkelten Riemen über den Rücken bekommen, auf jeder Seite hängt ein Beutel mit einer blauen Dose mit Schlitz. Dieser Esel steht nun jedes Jahr zur Passionszeit im Vorraum unserer Kirche und sammelt Geld für die Frauen in Eritrea, die weite Wege gehen müssen, um Wasser für ihre Familien zu holen.

Er wird von den zahlreichen Kindern, die jeden Sonntag zum Kindergottesdienst kommen, heiß geliebt und 'gefüttert'! Auch die Konfirmanden geben immer einen Teil des Geldes, das sie geschenkt bekommen, dem Esel. So konnten von dem gespendeten Geld bereits acht Esel beschafft werden, die nun den armen Frauen im fernen Land beim Wasserholen helfen."

Inzwischen ist auch Gertruds zweites Knie operiert worden, und sie kann einige Wochen lang nicht aus dem Haus gehen. Aber sie weiß genau, was sie in dieser Zeit tun wird – ein neues Projekt wartet schon auf sie.

Im Grunde bin ich ein fauler Hund   Knut Franck

In dem schön renovierten Haus von Dr. Knut Franck und seiner Frau in einer der ältesten Straßen Flensburgs steht der Tee nach einer herzlichen Begrüßung kaum auf dem Tisch, schon sind wir mitten im Thema.

Der Generationenvertrag ist ausgehöhlt, der Wiedereintritt aus dem Rentenalter in eine Beschäftigung sei eigentlich schon zu spät. Die Lebenserwartung steigt und die Menschen arbeiteten nur ein Drittel ihrer Lebenszeit, das sei viel zu wenig, sagt Knut Franck. Das Gerede von Integration sei Unsinn, Schönfärberei. In den Zeitungen der letzten Zeit lese man von zu wenig Auszubildenden, dabei sei die Verschwendung von Ressourcen und Kapazitäten beinahe unermesslich, denn die Erfahrung und das Wissen von Älteren werde so gut wie gar nicht genutzt.

"Ich war mein ganzes Leben irgendwie aktiv, nach dem Abitur auf dem zweiten Bildungsweg bin ich Studienrat geworden, und ich habe mich immer politisch betätigt."

Geboren 1940 in Berlin, der Vater Rheinländer und die Mutter Deutsch-Russin, flieht seine Familie 1945 nach Bayern, wo Knut in Franken aufwächst. Als evangelischer Außenseiter in einer rein katholischen Gegend hat er es nicht leicht. Die CSU und die katholische Kirche sind übermächtig. Er will raus diesem engen Kreis und geht 1959, mit 19 Jahren, zur Marine nach Kiel.

Dort macht er die für ihn bittere Erfahrung, dass nicht der zählt, der mehr weiß, sondern der, der mehr Streifen, sprich, eine höhere Position, hat.

Also versucht er, seine Karriere so schnell wie möglich voranzutreiben, nicht weil er "Oberlehrer" werden will, sondern weil er einfach gehört werden möchte.

"Das Klassendenken bei der Marine war fürchterlich. Also habe ich dreieinhalb Jahre lang das Abendgymnasium besucht und 1966, mit sechsundzwanzig Jahren, das Abitur gemacht."

Danach konnte er endlich an der Freien Universität in Berlin studieren: Biologie, Erdkunde und Sport.

"Das war eine wilde Zeit. Ich war politisch hoch interessiert, und in Berlin habe ich ja alle kennengelernt, Rudi Dutschke, Rainer Langhans, alle, die damals da aktiv waren. Mein Cousin war bei der SEW, die Sozialistische Einheitspartei Westberlin, ein Ableger aus der DDR. Ich habe mir das eher vom Rand her angeschaut, ab und zu habe ich zwar bei Sit-ins mitgemacht, aber eigentlich wollte ich damals schon in die SPD. Es gab während meiner Studienzeit viele Diskussionen, das war natürlich hochinteressant für mich, aber ich habe mich nie einer der linken Gruppen angeschlossen. In den Semesterferien war es sehr schwierig, Arbeit zu bekommen, denn alle Studenten standen damals ja mehr oder weniger durch die Kampagnen der Springer-Presse unter Generalverdacht."

Die Heirat 1964 und der im Jahr darauf geborene Sohn bringen zusätzliche Arbeit, das frischvermählte Paar teilt sich das Babysitten und beide haben sie Nebenjobs. Ferien sind nicht drin.

In den hohen Norden wollte er dann zurück, dort hatte es ihm gefallen, und eigentlich will er wieder nach Kiel, aber 1971 wird ihm an der Goethe-Schule in Flensburg eine Referendar-Stelle angeboten. Direkt von der Freien Universität, der "linken Kaderschmiede", landet er dann dort zwischen alten Nazis und tritt sofort in die SPD ein.

"Den Studiendirektor des Studienseminars, mit dem ich mich überhaupt nicht verstand, habe ich als Prüfer abgelehnt, es musste extra für mich jemand aus Kiel kommen. Da war ich stolz, dass ich das durchgesetzt habe."

1973 bekommt er eine Anstellung als Studienrat an der Auguste-Viktoria-Schule, und da weht für den jungen Lehrer endlich ein frischerer Wind. Aus dem Lyzeum, einer reinen Mädchenschule, ist ein paar Jahre zuvor ein Gymnasium für Mädchen und Jungen geworden, und die alten Strukturen haben sich gelockert.

1974 wird er für die SPD in die Ratsversammlung gewählt. 28 Jahre engagiert er sich in der SPD, die Hälfte der Zeit als Fraktionsvorsitzender. Seine zentralen Themen sind Stadtentwicklung und Ökologie.

"Manchmal frage ich mich, wie ich das bloß geschafft habe. Meine Termine haben andere vorgegeben. Wegen der Kinder hatte ich schon öfter ein schlechtes Gewissen, ich musste ja in alle Ausschüsse und Tagungen. Aber die Kinder sind trotzdem prima geworden!"

Das 240 Jahre alte Haus ist beim Kauf eine Ruine, auch da gibt es jede Menge zu tun. Er ist handwerklich geschickt, und in der Nachbarschaft läuft es gut, sie arbeiten zusammen, der Nachbar zur Linken hat eine gut eingerichtete Werkstatt, und das Babyphon von gegenüber kommt regelmäßig ins Haus. Die Gemeinschaft funktioniert, sie fühlen sich dort wohl.

Mit 62 Jahren hört er mit der politischen Arbeit auf, mit 64 wird er pensioniert, und dann stellt er fest, dass er eine panische Angst vor der Pensionierung hat.

"Ich war ja immer sehr aktiv, ich hatte Angst, dass ich in ein Loch falle. Plötzlich ist es still, wie in dem Schlager von Max Raabe: 'Kein Schwein ruft mich an. Keine Sau interessiert sich für mich.' Man wird im Alter ja nicht dümmer. Ich war meines Wissens damals auf dem Höhepunkt meiner Erfahrung und meiner Schaffenskraft. Dass die Gesellschaft diese Kapazitäten einfach abschaltet und nicht mehr haben will, das ist schrecklich schematisch gedacht. Manche können ja wirklich nicht länger und es gibt natürlich Berufe, die sich im Alter nicht mehr ausüben lassen. Aber anders veranlagte Menschen könnten viel länger arbeiten. In der Politik wird man ja auch ständig gekitzelt. Und ich bin ein typischer Lehrer, ich habe ein Mitteilungssyndrom."

Es ist sein Hobby, Kindern und Jugendlichen Zusammenhänge zu erklären, über Strukturen nachzudenken. Er nennt die Fähigkeit, hinter die Dinge zu gucken, so zum Beispiel den Zusammenhang zwischen der Kindersterblichkeit und dem Bruttosozialprodukt in Mali zu erfassen.

"Heutzutage ist es so, die Leute denken ja gar nicht mehr, die googeln ja. Man braucht nicht mehr zu denken, sich nichts mehr zu merken." – Wir sitzen am Tisch in dem geschmackvoll mit alten Möbeln eingerichteten Esszimmer mit Blick auf die Straße mit den alten Fischerhäusern und trinken den Tee, den seine Frau uns gebracht hat. Knut Franck sitzt kerzengerade auf seinem Stuhl, seine Augen blitzen.

"Ich werde im Alter immer wütender, die Unverschämtheiten der Politiker, der Medien ... Ich hätte nie gedacht, dass ich so radikal bin, manchmal entsetzen sich die Leute schon über mich."

Zwei seiner vielen Ehrenämter hat er beibehalten. Bei der "Brücke", einer sozialen Einrichtung, die psychisch kranke Menschen betreut, war er sechs Jahre Vorsitzender, und auch jetzt ist er noch Beisitzer. Er ist Mitglied des Vereins zur Erhaltung der östlichen Altstadt, und er macht Stadtführungen. Zusammen mit einem Busunternehmen organisiert er Touren als Reiseführer. Er liebt es, überraschende Dinge erzählen zu können, sich vorbereiten zu müssen und auf die verschiedensten Menschen zu treffen, sich einzulassen.

Er joggt, und jedes Jahr geht es für ein paar Wochen mit einem Freund in die Berge. Sie klettern und machen Gletschertouren mit Pickel und Steigeisen. Dass die Gletscher immer kleiner werden, er hat es in all den Jahren geschehen sehen. – Seit sechs Jahren unternimmt Knut Franck Weit-Wanderungen. Mit Biwaksack, Schlafmatte und Schlafsack ausgerüstet, wandert er in Etappen die ganze Strecke vom Neusiedlersee bis zum Bodensee. Wochenlang allein in der Natur.

"Alleinsein ist eine Erfahrung, die ich nicht mehr missen möchte. Nur mit der Natur zusammen sein, die Natur mit allen Sinnen aufnehmen, ganz allein entscheiden können. Ich bin ein fanatischer Waldläufer. Ich kann nicht verstehen, wie man mit dem IPod im Wald herumlaufen kann."

Die frühere Weichenstellung, in den Schuldienst zu gehen und nicht an der Universität zu bleiben, hatte zur Folge, dass er sich nicht in Ruhe einem bestimmten Thema widmen konnte. Nach der Pensionierung ist er dazu in der Lage, also entschließt er sich, seine Promotion zu schreiben.

"Dadurch war ich gezwungen, alles, was ich behauptete, zu belegen. Die Leute glauben einem ja alles, die sind noch doofer als ich. Mir reichte das nicht, ich wollte etwas schreiben, das nicht in der Schublade liegenbleibt."

Die Schließung der Kaserne in Tarp und des Flugplatzes in Eggebek und damit die Konversion von der militärischen in eine zivile Nutzung werden der Anlass. Er sucht sich einen Doktorvater, den früheren Naturschutzbeauftragten des Landes, der jetzt an der Universität in Rostock lehrt. Auf welches Abenteuer er sich da einlässt, war ihm da noch nicht klar.

"Ich habe als ordentlicher Geograph zunächst eine Raumanalyse erstellt. Das von einer Beratungsgesellschaft und von Wissenschaftlern erarbeitete Nach-Nutzungskonzept sah vor, ein Bio-Energetisches Zentrum auf dem Flugplatzgelände zu errichten. Aus den vorhandenen landwirtschaftlichen Produkten sollten Grundstoffe für die Industrie hergestellt werden. Kern der Anlage sollten 180 m hohe Windräder werden, an denen ihre Eignung für den Offshore-Einsatz untersucht werden sollte. Gleichzeitig sollten an ihnen die Studenten der Fachhochschule Flensburg technisches und wissenschaftliches Know-how erwerben. ·

Photovoltaik auf den bereits versiegelten Flächen sollte das Projekt ergänzen. Das Konzept war wirklichkeitsnah. Aber dann lief da etwas ab, wovon ich nicht den Schatten einer Ahnung hatte!"

Knut Francks Doktorarbeit behandelt das ganze Projekt. Seine Arbeit ist auch politisch. Er nimmt an den Gemeinderats- und Amtsausschuss-Sitzungen teil. In den Arbeitsgruppen der einzelnen Bereiche engagiert er sich bei der Planung und der Ausführung des Energiekonzeptes.

"Große Begeisterung in der Gemeinde Eggebek. Die beiden Gemeinden hatten jahrelang in Konkurrenz miteinander gestanden, denn während Eggebek mit dem militärischen Flugplatz den Lärm und den Verkehr der Marinebasis hinzunehmen hatte, wurden die Wohnungen der Offiziere und Soldaten damals in Tarp gebaut, das dadurch einen regen Aufschwung erfuhr."

"Der Bürgermeister von Eggebek wurde Spiritus rector des Bio-
parks. Durch die Zuweisung von Industrie-Standorten sollte ein
innovatives Konzept die Niederlassung von Anrainer-Firmen unterstützen. Endlich war Eggebek am Zug.
Aber dann passiert es. Die Bürger wenden sich gegen den Bio-
energiepark, es hagelt Beschwerden, und im Jahr 2008 wird eine
Bürgerinitiative gegen das Projekt gegründet. Die CDU, bisher
stärkste Fraktion im Gemeinderat, verliert massiv bei der Kom-
munalwahl gegen die neugegründete Partei 'Aktive Bürger für
Eggebek', und der Bürgermeister von Eggebek mutiert plötzlich
zum Gegner der Windkraftanlage und kippt alle Vorhaben.
Er beschließt, die große Windkraftanlage, die als Forschungspro-
jekt für die Offshore-Anlagen dienen sollte, nach Wanderup zu
verlegen und in Eggebek nur eine kleine Windmühle zu bauen.
Damit war das Herzstück des ganzen Vorhabens nichtig gemacht,
und das Resultat war, dass sich nur einige wenige Firmeninhaber
auf dem riesigen Gelände niederließen."
Das war der Auslöser dafür, dass Knut anfängt, sich Gedanken darüber zu machen, ob es sinnvoll ist, diese kleinen Gemeinden zu
erhalten, und er erarbeitet eine These zur Errichtung von Groß-
gemeinden. "Das Projekt scheiterte an den Partikularinteressen
einiger weniger Bürger und daran, dass aufgrund der Gesetzesla-
ge auch kleine Gemeinden das uneingeschränkte Planungsrecht
haben. Dieses Projekt wäre aber nicht nur für die Gemeinde,
sondern auch für die gesamte strukturschwache Region wichtig
gewesen. Es gibt kein anderes Bundesland, das in solche kleinen
und kleinkarierten Ämter aufgeteilt ist."
Kirchturmdenken nennt er das, nur bis an die Gemeindegrenzen
gucken. Die Landes- und Entwicklungspläne und die Regionalplä-
ne werden von den gleichen Beamten konterkariert, die sie erstellt haben. "Da geht der Bürgermeister dann hin und agiert rein
parteipolitisch, und es entstehen plötzlich Gewerbe aufgrund von
Interessen einiger weniger. Das Projekt trägt sich aber nicht. Bei
größeren Ämtern würden Partikularinteressen nicht so berück-
sichtigt, und der Vetternwirtschaft wäre ein Ende gemacht. "
Er zitiert Kennedy: "Frage nicht, was dein Land für dich tut, sondern was du für das Land tust." Die "Rundumwohlfühlversor-

gung", die von der Politik versprochen werde, habe nichts mit der Entwicklung von funktionierenden Strukturen zu tun.

"Viele Dörfer haben keinerlei Infrastrukturen für die Versorgung ihrer Bewohner. Fast an den Rand des Wahnsinns hat mich das Thema der nachwachsenden Rohstoffe gebracht. Wir haben im Landkreis die größte Dichte von ganz Deutschland an Biogasanlagen. Der Anbau von Pflanzen zur Energiegewinnung ist ein Irrweg, weil dadurch die Produktion von Lebensmitteln eingeschränkt wird. Außerdem ist ihr Einsatz nicht klimafreundlich, weil Transport, Bearbeitung der Flächen, Dünger und Pestizide ebenfalls Energie verbrauchen. Die Pacht- und Kaufpreise sind förmlich explodiert, weil Betreiber von Biogasanlagen mehr bezahlen können als der 'normale' Landwirt. Bezahlen muss das alles der Verbraucher über höhere Energie- und Lebensmittelpreise. Landbesitzer verpachten ihr Land jetzt lieber an die Betreiber von Biogasanlagen anstatt an ganz normale Bauern.

Ich habe nicht erwartet, dass die betroffenen Gemeindevertreter nach dem Lesen meiner Arbeit alle 'Hurra' schreien. Erwartet habe ich allerdings, dass man sich mit meinen Thesen auseinandersetzt. Im Amt Eggebek hat man mich totgeschwiegen, weil ich einigen zu sehr auf die Füße getreten bin. Nicht einmal im Mitteilungsblatt des Amtes durfte ich einen Hinweis auf meine Arbeit unterbringen."

"Das Ganze war ein Abenteuer, ich habe keine wesentliche Unterstützung erfahren, es gab keine Mitstudenten und der Doktorvater in Rostock war weit weg. Es gab auch Phasen, wo ich mich gefragt habe: 'Oh Gott, warum machst du das?'"

Knut Franck möchte Hand an die Dinge legen, auch und gerade in der Kommunalpolitik. Seine Publikation "Nachwachsende Rohstoffe – Fluch oder Segen für die ländlichen Räume" ist im Jahr 2012 in der Zeitschrift "Natur- und Landeskunde" erschienen. Er mag es, wenn er, wie bei den Stadtführungen, Dinge erzählen kann, die sonst keiner weiß, aber er möchte auch sagen können, wenn er etwas nicht weiß.

"Ich will unbedingt etwas bewegen, und ich will auch ab und zu mal wissen, dass ich das getan habe. Im Grunde bin ich ein fauler Hund, wenn ich kein festes Ziel habe, dann mach ich nichts."

"Erste Ebene", Eva-Maria Mehrgardt

Die Freiheit im Kopf
Gesche Tietjens

"Mit diesen ganz ganz kleinen Brötchen, die mich nicht einmal nähren können, grüße ich Dich trotzdem wohlgemut und nur wenig mit der allgegenwärtigen Gier auf Blödsinn hadernd", steht auf der Karte, auf der Gesche Tietjens mir ihre "kommunikativen Möglichkeiten" mitteilt: Telefonnummern und Adresse und die Kopie einer kleinen Zeichnung aus dem Kinderbuch, das sie zur Zeit gerade illustriert.

Gesche Tietjens, 1943 in Hamburg geboren, ist ausgebildete Grafikerin und lebt heute in einer kleinen Wohnung in einer norddeutschen Kleinstadt, eine der vielen Stationen ihres beweglichen Lebens. Nach dem Studium auf der Kunstschule Alsterdamm beim Mahlau-Schüler Lothar Walter arbeitete sie als Gebrauchsgrafikerin bei einer Berliner Agentur.

1968 lernte sie den Künstler und Grafiker Horst Janssen kennen. Sie lebten vier Jahre zusammen und blieben bis zu seinem Tod im Jahr 1995 gute Freunde. Als Gesche 1972 ein Kind von ihm erwartete, zog sie es vor, es auf einem Bauernhof in einiger Entfernung von Hamburg allein aufzuziehen.

Zusammen mit Hunden, Pferden, Schafen und Federvieh lebten sie und ihr Sohn Adam auf dem großen Hof auf Eiderstedt. In den Ferienzeiten beherbergte sie Ferienkinder: "Ich hatte viel mit den Gören zu tun, außer für sie zu kochen, ihnen aufs Pferd zu helfen und abends am Kamin zusammen zu sitzen, es wurde natürlich auch viel geredet. Einige von den 'Kindern' schreiben mir immer noch." Ihre Tochter Anna-Johanna kam 1976 zur Welt. "Arbeit satt," kommentiert sie, "und die Aufzucht meiner beiden Kinder war auch mehr als abendfüllend."

Nach einem Dutzend Jahren verkaufte sie den Bauernhof und zog in ihr selbstgebautes Haus an der Flensburger Förde, nur noch ein paar der Hühner, zwei Pferde und ihre Kinder ziehen mit. – Inzwischen sind ihre Kinder erwachsen und gehen ihre eigenen Wege, und sie hat sie fünf Enkelkinder.

Sie liebt Tiere: "Große Trauer, wenn die Maus tot ist." Und sie will den Dingen auch auf den Grund gehen: "Und dann wird die Maus sorgfältig auseinandergenommen und seziert." Die Nachbarn in ihrer neuen Heimat, soweit sie sich nicht am Krähen ihres Hahnes und an ihren Pferden stören, amüsieren sich über sie und ihre Mäuse. Feste Einrichtung in ihrem Haus war nämlich der Eimer im Flur für die mit der Mausefalle gefangenen Mäuse, die treu jeden Abend ein Stückchen weit in den Wald hinein gebracht wurden, die aber wohl ebenso schnell den Weg zurück in ihr mäusefreundliches Heim fanden.

Gesche arbeitet wie eh und je als freischaffende Grafikerin. Neben ihrer eigenen künstlerischen Arbeit und ihren Ausstellungen stellt sie Gelegenheitsgrafiken her und illustriert Bücher. Sie gibt kreative Kurse für Kinder, schreibt Katalogbeiträge und Auftragstexte, hält Vorträge und die Laudationes bei Ausstellungseröffnungen und macht Ausstellungseinführungen bei befreundeten und/oder großen Künstlern.

Sie liest viel, weniger Romane als Philosophie, Kunstgeschichte, Sachbücher und Biografien. Und sie schreibt. In ihrer "Spitzweg"-Wohnung rundum Bücherregale. An den Wänden eigene Grafiken und Aquarelle. Vieles musste sie aus Platzmangel auslagern, nur kleinere Arbeiten fanden einen Platz.

Nicht groß arbeiten zu können ist ein Problem. Immer wieder rutschen ihr die Sachen über den Rand hinaus, und sie muss ein neues Blatt nehmen. Für große Arbeiten ist die Wohnung zu klein. "Dann könnte man nur kurz aufheulen wie ein Hund", daran verzweifeln tut sie nicht.

Die zunehmende Schreiberei kam später im Leben, vier Bücher zu Horst Janssen und ihrer Freundschaft mit ihm sind inzwischen erschienen. "Janssen war natürlich ein tolles Lebensfutter", sagt sie. "Ich habe mich bereitwillig zurückgesetzt, ich war 'Maitre de Plaisir', meine Sachen zählten nicht. Eine partielle Dienstbarkeit. Natürlich ist es in Ordnung, anderen Menschen eine Stütze zu sein, Hilfe zu geben und zugleich aber auch Einfluss auszuüben."

Ihre Großtante war Sängerin an der Mailänder Scala, eine durchaus emanzipierte Frau. Ihre Großmutter sang Lieder von Schubert und Hugo Wolf im intimeren Kreis. "Es gab immer schon Freiheiten, auch für Frauen, das ist eine Frage der Liberalität im Kopf. Zur Zeit meiner Großmutter gab es auch Freiheiten, die diese Frauen sich eben einfach genommen haben."

Und: "Eine richtige und gute Erziehung sollte zur Folge haben, dass man in der Blüte seiner selbst funktioniert und nicht schon in der Kindheit passend gemacht wird."

Sie suchte sich ihr Freigebiete. Mit zehn Jahren begann sie zu zeichnen, kleine Skizzen und Karikaturen. Und sie fand Unterstützung, denn im Nachbargarten wohnte ein Künstler, der sie förderte. Sie konnte durch die Hecke schlüpfen und ihn besuchen und er hat auch dafür gesorgt, dass sie auf die Kunstschule kam. Schon auf dem Gymnasium richtete sie Ausstellungen ein. Und sie holte sich Bücher aus der Bibliothek und fragte sich, warum die Verfasser so gut schreiben können, und beantwortete sich ihre Frage selbst: "Weil sie so viel gelesen haben."

"Ich habe einen manischen Lese- und Guckwillen, ich lese aus Leidenschaft. Ich weiß nicht, wie ich es nennen soll, es ist wie eine Gier, ich habe eine Lerngier. Ich lese sogar mit Begeisterung etwas über Hirnphysiologie in der Zeitung, auch wenn ich es nicht ganz verstehe. Der Versuch, hinter etwas zu schauen, zum Beispiel aus einem Samen einen Baum wachsen zu sehen, das kann ich mir immer wieder und stundenlang ansehen."

In einem Topf auf ihrem Balkon steht ein kleiner Baum. "Den habe ich aus einem Samen gezogen."

Inzwischen ist es Mittag geworden und Gesche bereitet unser Mittagsmahl, Pellkartoffeln mit Quark, eine ihrer Leibspeisen. Lecker. Zusammen sitzen wir an einem kleinen Tisch direkt neben der Balkontür. Das kleine Mietshaus, in dem sie ganz oben im Dachgeschoss wohnt, hat einen Garten, in dem sie auch ab und zu werkelt. Die Gesche, die in Stiefeln burschikos über ihre "Ländereien" marschierte, ist Vergangenheit. Nicht einfach für eine, die sich der Natur so tief verbunden fühlt. Aber es gibt noch so viel anderes, so viel muss bedacht werden, noch getan werden.

In unserem Gespräch springen wir vom einen zum anderen, und doch zieht sich etwas wie eine Klarheit, eine Essenz, wie ein roter Faden durch das Gespräch. Eine Art kristallener Grundton, beinahe unsichtbar, mit unendlich vielen Facetten.

"Eine Begabung zu haben ist eine Verpflichtung. Als Lothar Walter, mein alter Lehrer und ein Kommilitone von Horst Janssen, mich als Achtzigjähriger einmal besuchte, reagierte er auf meine Arbeiten mit den Worten: 'Wenn Sie jetzt nicht weiterarbeiten ... Ich komme wieder!' Es geht nicht nur um das Persönliche, nicht darum, dass man vielleicht ein Ding aufhängt, und dann kommt jemand und sagt: 'Doll!'.

Es ist eben nicht nur dieser soziale Aspekt. Kraft einer inneren Distanz sehe ich, was etwas bedeutet. Das ist nicht linear. Wenn ich zum Beispiel die Führung durch eine Ausstellung mache, wie vor einiger Zeit bei einer Corinth-Ausstellung, dann springe ich von einem Bild zum anderen, ich weise hierhin und dorthin, ich verbinde Dinge, die auf den ersten Blick so vielleicht gar nicht zusammen gehören.

Man weiß selbst nicht genau, in welchen Gefilden das stattfindet. Wenn man es weiß, dann ist es schlecht. Ein Mist, dass man nicht davon ausgeht, dass so was einen Wert hat. Dieses Gucken, nicht nur genau, sondern 'räumlich', als schaue man in andere Dimensionen. Die Heiligen tun das vielleicht schon Tausende von Jahren. Das auszuhalten! Manches ist beinahe nicht zu ertragen. Das ist furchtbar schwer zu vermitteln.

Viele sagen: 'Oh, diese Künstler haben es ja gut.' Ich sage: 'Es ist ein verdammter Zwang, es ist Arbeit, von morgens bis abends. Eine blöde Verantwortung, die man hat.' –

Was ist das, diese peinliche Manie, die Bedeutung dingfest machen zu wollen? Es geht um andere, nicht eindeutige Zusammenhänge. Die Qualität einer guten Sache, das Schöpferische, das ist nicht auszuschöpfen, nicht einzuordnen. Nicht das Geschlossene, das Wahrnehmbare. Beinahe somnambul etwas Gutes zu machen, das ist genial."

Das gilt auch für das Schreiben: "Ich schreibe für einen Leser, das ist ein meinem Schreiben innewohnender sozialer Aspekt. Anfangs habe ich mich etwas schwer getan. Das ist aber wohl

"Selbstporträt", Gesche Tietjens

immer so, wenn man einen Abschnitt des eigenen Lebens unters Mikroskop legt. Schließlich kam es dazu, eine Art Bilanz zu ziehen, auch über meine Person."

Immer ist sie die "Janssen-Frau". Wie bei einer Lesung bei Lübeck aus ihrem Buch "Ach Liebste, flieg mir nicht weg".

"Immer wieder geschieht dasselbe!" Sie erzählt: "Ein schöner Erfolg, alle fanden es toll. Ich saß da und signierte, da kommt ein mir bekannter Künstler, ein Arrivierter, zu mir und flüstert mir ins Ohr: 'Ich wusste ja gar nicht, dass du so geistreich bist!'

Die Revue der Fehleinschätzungen ist abenteuerlich. Aber früher war es ja auch schon so, als zum Beispiel Joachim Fest viel bei Janssen verkehrte, dann unterhielten sich die Herren, ich durfte den Tee servieren und hatte mich nicht einzumischen. Er fand mich ein hübsches Püppchen, sonst zählte ich kaum. Ich fand das damals schon zum Lachen, weniger empörend."

Ihr vielleicht nächstes, ganz eigenes Buch wartet in vielen Notizbüchern darauf, in Angriff genommen zu werden. "Es hat sich noch nicht geordnet." Welche Form es bekommen wird, ob Roman, Essay oder Skizzensammlung, sie weiß es noch nicht.

Warum viele mit einem immanenten Talent sich so schlecht präsentieren könnten? Sie nennt das Problem der Camouflage, aber auch Selbstzweifel durch Intelligenz, den geistigen Prozess der Weiterentwicklung durch Selbstkritik.

"Ich habe eine notorische innere Unruhe in der Arbeit. Sich ausruhen auf dem, was man hat – gruselig. Quälend ist es, keine Ideen zu haben, das ist oft schwer auszuhalten. Und es gibt auch sehr verwirrende Erfahrungen, sich verändernde Farben, erst ist eine Blume rot, schaut man wieder hin, ist sie lila, dann blau, alles changiert und verändert sich."

Dass jeder Mensch ein Künstler sei, findet Gesche Quatsch. Jeder Mensch habe eine bestimmte Richtung, die man erst erkennen oder nur erahnen könne und dann fördern müsse. Jemand, der mit Geist, Witz und Empathie soziale Projekte mache, oder auch ein guter Koch, sei sicher auf seinem Gebiet originell, aber dadurch noch kein Künstler, der ja sozusagen aus Nichts etwas mache. Mit dem Alter werde man scharf und stilsicher, zugleich aber auch liberaler, habe mehr innere Sicherheit, auch Ermüdung sei festzustellen, dass man das alles nun schon wisse.

Und man wird routinierter, was wiederum lähmend sein kann. Kunst ist eben auch und vor allem schlichte Handwerklichkeit:

"Die und die Form und diese Größe muss ich haben. Das kann ich, da bin ich mir sicher. Die Qualität einer guten Sache ist nicht auszuschöpfen. Das Schöpferische lässt sich nicht einordnen. Und dann erwischt es mich, dann kommt ein Eindruck, weit über das

Materielle, Greifbare hinaus. In solch' absurden Momenten bin ich glücklich."

Nuancen und Feinheiten wahrzunehmen, darum gehe es, die Lust zu erfinden, querbeet. Hinter der eigenen Schwelle kehren, die Kehrseite zu sehen: "Ich glaube, ich habe keine besonderen Leichen im Keller, keine schmerzlichen Abgründe. Das klingt vielleicht vermessen, aber darüber denke ich schon nach. Was geschehen ist, alles was geschieht, ist immer auch eine Blutspur nach Vorne.

Ich sehe viel. Zu sagen, 'ich weiß jetzt, was du denkst, ich kann in deinen Kopf reingucken', davor darf man keine Bange haben. Ich kann das manchmal, und das ist auch unheimlich. Mich dem Sinn des Schöpferischen immer mehr annähernd, an so ein 'Substrat', beinahe religiös, beinahe ein Geruch. Die Sache bildnerisch, mit Gefühlen und Gedanken einkreisen, vielfältig, keine eindeutigen Erklärungen akzeptieren, dann lieber nein und nochmal von hintenrum. Der Versuch, hinter etwas zu kommen. Die Phantasie ist wirklich zu allem fähig, viele Leute haben wenig Phantasie, sie gehen einfach so weiter, als sei es platter Boden.

Und sehen nicht, wie hauchdünn dieser Boden ist, auf dem wir laufen. Ich gucke dann immer richtig verrückt. Der Tod sitzt hinter jedem Marienkäferchen. Dieses Existenzielle, eine Haltung, kein bewusster Prozess, der von Heute auf Morgen entsteht.

Ein Gerinnen zu einer Essenz sozusagen. Das hat sich am Leben durchdekliniert."

Die Kunst, glücklich und weise alt zu werden.

Die Lebensschule Christa und Peter Lorenzen

Eine kleine Stichstraße führt zum Haus des Ehepaars Lorenzen. Hundert Meter weiter, hinter hohen Bäumen und Büschen, liegt auf einem kleinen Hügel der Bauernhof, den sie vor kurzem erworben haben. Dort werden sie nach einer umfassenden Renovierung ein Seminarzentrum eröffnen, die "Lebensschule Langballig".

Peter Lorenzen, Agraringenieur, Ökobauer, Heilpraktiker und Tiefenpsychologe, ist 60 Jahre alt. Christa Lorenzen, Jahrgang 1954, ist Krankenschwester, Hauswirtschaftsmeisterin, Heilpraktikerin und Tiefenpsychologin. Sie sind seit 30 Jahren verheiratet und haben zwei erwachsene Kinder.

Christa und Peter haben gemeinsame Ideale. Zunächst war es die Bewirtschaftung des landwirtschaftlichen Betriebes, den sie schon vor Jahren auf die biologisch-dynamische Wirtschaftsweise umstellten. Der alte Bauernhof, auf dem Peter aufgewachsen ist, liegt um die Ecke und wird noch immer nachhaltig bewirtschaftet.

Ihr Anliegen war die Gesundheit der Erde und der Nahrung. Als sie aus gesundheitlichen Gründen die körperlich schwere Arbeit nicht mehr ausüben konnten, verlagerten sie ihre Aufmerksamkeit auf den Menschen und hier besonders auf die menschliche Seele als Ursprung allen Wohlergehens und Glückes. Sie studierten Tiefenpsychologie und absolvierten eine Ausbildung zum Heilpraktiker. Das Altern mit all seinen positiven wie negativen Folgen ist ein wesentliches Thema ihrer Arbeit.

Ihre Initiativkraft hat sie bis jetzt nicht verlassen. Und so haben sie wieder ein neues Projekt gegründet – eine Lebensschule in Langballig. Sie konnten den nachbarlichen Hof erwerben, in dem sie ein Seminar- und Therapiezentrum einrichten.

In ruhiger Lage, wenige Kilometer von der Flensburger Förde entfernt, wird man hier Kurse besuchen oder einen Kur-Urlaub verbringen können. Durch die Kombination verschiedener alternativer Heilmethoden und zusätzlicher psychologischer Betreuung in der wunderschönen Natur Angelns besteht die Möglichkeit, etwas für die leibliche und seelische Gesundheit zu tun.

Die "Lebensschule Langballig" möchte unter anderem helfen, eine neue Kultur im Umgang mit dem Altern und Sterben zu begründen. Eine gute Kultur will das Wesen des Menschen unterstützen, so dass er zu sich selbst kommen und seine Aufgaben im Leben finden und erfüllen kann. Jeder Lebensabschnitt hat seine besonderen Aufgaben.

Für einige Lebensphasen kennen wir verschiedene kulturelle Rituale, wie etwa die Feste der Taufe, der Konfirmation und der Hochzeit. Diese erscheinen uns heutzutage oft irgendwie sinnentleert. Nur der im Inneren aktive Mensch wird wieder lernen, eine tiefere Verbindung zum Sinn seines Lebens zu spüren.

Eine Einführung in die letzte Lebensphase, der des Alterns, in der sich der Schwerpunkt von der äußeren auf die innere Aktivität verlagert, hilft dem Menschen, auch bei einsetzendem körperlichen Verfall nicht aus dem seelischen Gleichgewicht zu kommen. Die Vorbereitung auf das Alter fängt aber nicht erst in dieser letzten Lebensphase an.

Das Ziel der Lebensschule ist es, eine neue Kultur zu errichten, die dem Wesen und der Natur des Menschen entspricht. Das Seminarangebot reicht von Themen wie Weisheit und Glück im Alter bis hin zu Erziehung und Führung von Jugendlichen. Weitere Themen der angebotenen Kurse sind Persönlichkeitsentwicklung, die Symbolsprache der Träume, eine harmonische Partnerschaft, Kindererziehung und das Burnout-Syndrom. Und immer geht es auch um den Dialog miteinander. Denn Gespräche zufriedenstellend zu führen, miteinander zu reden, das könne man lernen.

 Christa Lorenzen hat viel erlebt und viel gesehen. Ihre Arbeit mit Kranken und ihre Erfahrungen rundum das Thema Tod und Sterben haben sie geprägt. Sie stellte fest, dass es für viele Menschen schwierig ist, mit Schmerz und Krankheit umzugehen, zu altern und Abschied zu nehmen. Dagegen seien wir durch eine rechtzeitige Vorbereitung auf das Alter durchaus in der Lage, glücklich und erfüllt älter zu werden und uns auf einen friedvollen Tod vorzubereiten.

Ihre Augen strahlen, sie macht einen sehr klaren und wachen Eindruck: "Wenn man älter wird, wird die Decke dünner, die körperliche Energie wird geringer und unbewusste Inhalte kommen leichter hoch, weil die Ich-Kraft nicht mehr stark genug ist, sie zu unterdrücken.

Unverarbeitete und schmerzliche Erfahrungen aus der eigenen Vergangenheit haben eine große Einwirkung auf die Intensität des Leidens. Wenn wir bestimmte Dinge nicht wahrhaben wollen, kann der Leib erkranken und der Schmerz sehr intensiv werden. Wenn man sich dann öffnet und sich fragt: 'Was schmerzt mich so?' und sich das eigene Leben im Rückblick anschauen und seine Lebenserfahrungen verarbeiten kann, dann ist der Schmerz manchmal weg oder wird jedenfalls sehr viel geringer", erzählt sie. Dieses Wissen in der eigenen Persönlichkeit umzusetzen, die eigene Erfahrung in die Arbeit mit anderen Menschen zu integrieren und die Entwicklung der eigenen Persönlichkeit sind sehr wichtige Themen für die beiden Therapeuten.

"In unserer heutigen Kultur fehlt ein Bild davon, wie sich der Mensch richtig auf sein Alter vorbereiten kann. Die Beziehung zum eigenen inneren Göttlichen, den Ur-Bildern unserer Innenwelt, übersetzt sich in unser alltägliches Handeln und Fühlen und beeinflusst uns im Alltag. – Und das Ur-Bild des Alters ist der/die alte Weise", fügt sie hinzu.

"Eine gute Kultur ist eine Kultur, in der der Mensch weiß, welche Lebensaufgaben er seinem Alter entsprechend hat. Das gilt natürlich für jedes Alter. Wir unterteilen das Leben in Zwölfer-Rhythmen. Jede Altersgruppe hat ihre eigene und ihre ganz spezielle Thematik.

Ab 60 Jahren hat man die Aufgabe, sich sein Leben anzuschauen. Gut oder schlecht? Themen wie zum Beispiel Schuld spielen da eine große Rolle, aber auch die Weisheit, die im eigenen Leben verborgen liegt. Wir brauchen eine bewusstere Einstellung zum Alter. Die meisten Menschen haben zuerst eine Riesenangst und sind dann, wenn sie den Mut gefasst haben, sich ihr Leben anzuschauen, wie erlöst. Je früher man damit anfängt, sich zu korrigieren, desto leichter wird man damit umgehen können."

Peter Lorenzen hat eine künstlerische Ader und sich in verschiedenen Kursen mit Schauspiel und mit Sprachgestaltung beschäftigt. So sind kreative und künstlerische Ausdrucksformen immer ein Teil ihrer Seminararbeit.

"Die Tiefenpsychologie nach Walter Odermatt ist keine Analyse im herkömmlichen Sinn", sagt er. "Es geht um die eigene Haltung, eine Veränderung im eigenen Bewusstsein. Erkennen allein reicht nicht. Das innere Streben auf ein neues Ziel richten und wissen, was richtig gewesen wäre, und dadurch das eigene Verhalten in der Außenwelt zu verändern. Erkennen – Streben – Handeln. Was weise ist, was Weisheit und Glück bedeuten, solche Fragen werden in einem Seminar nach einem viertelstündlichen Vortrag gemeinsam behandelt. Wir lernen, in uns zu gehen, zum Beispiel durch die Frage: 'Wie stelle ich mir ein schönes Alter vor?', und das wird dann besprochen. Was Weisheit für den Einzelnen bedeutet, kann jeder nur für sich selbst erarbeiten." – Der gemeinsame Dialog, Singen, Malen und Töpfern, die Natur erleben und Meditationen, was sich in den einzelnen Seminaren ergibt, hängt auch von den Teilnehmern ab. In ihren Gruppen bereichere man sich gegenseitig.

Peter lächelt und sagt: "Hinter den Sinneseindrücken, wie zum Beispiel, wenn wir einen Sonnenuntergang anschauen, steckt solch eine Riesenkraft, etwas, das zaubern kann, etwas, das uns zutiefst berührt. Ein tieferes Erleben, ein Sich-Hingeben, das verzaubert. Daraus entsteht dann so etwas wie eine Gottesbeziehung, eine Transzendenz. Zum Weise- und Glücklichsein gehört eine lebendige Beziehung zum Göttlichen."

Und: "Im Alter sollte der innere Geist entwickelt werden, um durch Einsicht und Überblick einen Zugang zum Wesentlichen zu erhalten."

Ich entscheide selbst   Marie S.*

Marie S. studiert im dritten Studiengang Erziehungswissenschaften, Soziologie und Psychologie. Nach einer intensiven Berufspraxis im sozialpädagogischen Bereich – sie ist ausgebildete Erzieherin und hat lange Jahre als Lehrerin gearbeitet – entschied sie sich nach ihrer Pensionierung für ein weiterführendes Studium. Sie hat sich vorgenommen, ihre Arbeit, nach erfolgreichem Abschluss, im Managementbereich einer sozialen Einrichtung fortzusetzen.

Als Teil ihrer gerade stattfindenden mündlichen Prüfung hat sie sich ausführlich in das Thema Leitung und Management eingearbeitet. Auf einem Sozialkongress ist sie auf das Bundesfreiwilligengesetz gestoßen und hat in diesem Zusammenhang einen Vortrag über soziale Arbeit im Rahmen von Management und sozialer Leitung gehalten.

Mit ihrer Erfahrung und ihrem in lebenslanger Praxis erworbenen Wissen scheint sie prädestiniert für eine Stellung im Management eines pädagogischen Instituts.

"Von meinen Ressourcen her bin ich in der Lage eine Bildungseinrichtung zu leiten, womit ich aber nicht gerechnet habe ist, dass man mit 65 Jahren keine Anstellung mehr bekommt! Wie viele Widerstände es gegen die Beschäftigung von Älteren gibt, war mir nicht klar. Ich habe daraufhin auch über Generationen-Lernen und lebenslanges Lernen gearbeitet und geschrieben."

Marie arbeitet nicht nur theoretisch. Sie spricht über ihre Erfahrungen und über das, was sie im Leben geformt hat.

"Im Altersheim driften die Leute oft ab, sie werden zwar versorgt, sie bekommen zu essen und es wird saubergemacht, aber psychisch werden sie extrem vernachlässigt. Das macht aber das Menschsein aus, dass man ein geistiges Wesen ist. Bildungsarbeit in den Altersheimen wäre daher dringend notwendig. – Ich betreue eine ältere Dame in einem Altersheim, da sehe ich das alles vor Ort. Die Menschen kommen geistig fit ins Altersheim und bauen innerhalb von ein paar Monaten ab."

Sie erzählt über ihre Großmutter, die sie mit sechs Jahren jeden Sonntag im Altersheim besuchte. Damals, in den 50er Jahren, wurden die Alten noch in riesigen Sälen untergebracht und hatten nur ihr Bett und daneben ein Nachtkästchen. Sie lagen den ganzen Tag im Bett und standen nur zu den Mahlzeiten auf.

"Das hat mich stark berührt, ich habe das sehr emotional aufgenommen. Oma hat mir immer ein paar Bonbons aufbewahrt, wir wohnten damals in der Nähe von Saarlouis, damals noch unter französischer Verwaltung, da gab es diese französischen Becquo-Bonbons. Die hat sie sich vom Munde absparen müssen, und auf den Sonntag, unseren Besuchstag, hat sie die ganze Woche lang gewartet. Etwas anderes hatte sie ja nicht."

Die Grenze von Alt- oder Jungsein mache man sich natürlich selbst. Marie hat sich immer wieder neue Aufgaben gestellt und diese auch erreicht, egal in welchem Alter. Das sei eigentlich nicht von der Gesellschaft abhängig. "Aber ich bin ja auch so ein Exot mit meinem Studium."

Wichtig wäre es allerdings, ältere Menschen durch ein Seniorenstudium wieder in die Gesellschaft zu integrieren. Wie es jetzt ist, das seien eher Sandkastenspiele, das Studium im Alter werde als reines Hobby gesehen.

"Man hat andere Ressourcen im Alter", sagt sie. "Ich denke mir, in meinem Alter weiß man sehr genau, was man kann und was man will, man kann sich selbst besser einschätzen. Man unterfordert und überfordert sich nicht. Ich habe viel mehr Sicherheit, viel mehr Gespür dafür, mich in meinem eigenen Maß zu finden. Ich mache nichts Abgehobenes oder Verrücktes."

Ein besseres Gespür für andere, besser in die Leute hineinhorchen zu können, das sind für sie die wesentlichen Merkmale, die sich mit zunehmendem Alter erst entwickeln. Viele bräuchten da aber eine Führung.

Nicht dass Marie dafür eintritt, andere Menschen zu gängeln, doch sie hat festgestellt, dass viele kein oder ein negatives Verhältnis zu dem haben, was sie sind und was sie gelernt haben. "Sie sind unglücklich und meinen dann, ihr Lebensziel verfehlt zu haben."

Zu Hause im Saarland, in dem Dorf, in dem sie aufgewachsen ist, gab es soziale Barrieren, sicher wenn man nicht zu den Alteingesessenen gehörte. "Die meisten der Dorfbewohner gehörten

nicht zur Bildungsschicht, der psychosoziale Kreis in den kleinen
Dörfern war heimatverbunden, der Scholle verbunden", sagt sie,
und in ihrer Kindheit und Jugend fehlten ihr dort die Anreize. Sie
langweilte sich:
"Ich wollte nichts lieber, als so schnell wie möglich in die Stadt
zu ziehen, einfach weil ich mehr Anregungen brauchte. Offenheit
anderen Menschen gegenüber ist eine Frage der Sozialisation,
und es gibt verschiedene soziale Räume, Räume, in denen die
Leute offener sind als auf dem Land."
"Durch meinen Beruf, aus meiner Arbeit im sozialen Bereich,
kenne ich alle im Dorf, in dem ich jetzt wohne. In bestimmten
Sozialräumen wie dem Lehrerberuf hat man mehr Chancen, die
Leute kennen zu lernen."

Die Universität, an der sie jetzt studiert, gibt ihr mit ihren 15.000
Studenten jede Menge Anregungen. Auch im Umfeld der Fakul-
täten für Soziologie, Rechtswissenschaften und der Pädagogischen Hochschule findet Marie genug Anregung.
"Der Anspruch auf Bildung ist ein universelles Recht, das nicht
durch Alter, Ethnie und Geschlecht einzuschränken ist. Das Recht
auf Bildung ist ein Grundrecht. Aber ich befürchte sehr, wenn ich
mich wieder auf den Arbeitsmarkt begebe, wegen meines Alters

diskriminiert zu werden. Dabei ist soviel zu tun. Zum Beispiel dringend notwendig wäre Biographie-Arbeit in den Altersheimen als Akt der Menschlichkeit und die allgemeine Verbesserung der Lebensqualität dort."

Eine Studie über Männer ist ihr nächstes Projekt:

"Männer haben nicht gelernt, mit Gefühlen zu arbeiten. Sie werden von Gefühlen überwältigt, sie haben noch gelernt 'hart wie Kruppstahl und zäh wie Leder' zu sein. Unsere Generation ist, auch als Folge des Krieges, mit unterdrückten Gefühlen aufgewachsen. Unsere Kinder nicht mehr. Männersozialisation, das ist mein Thema als Examensarbeit. Und natürlich müssen mehr Frauen in den Führungsbereichen zugelassen werden."

Marie war 20 Jahre bei den Pfadfindern. Mit 16 Jahren hatte sie ihren eigenen "Stamm" und war die Anführerin einer kleinen Gruppe von Kindern. Da hat sie Zutrauen gelernt, Selbstvertrauen. Zu ihrem alten Stamm hält sie heute noch den Kontakt. In einer bestimmten Lebensphase, von acht bis 14 Jahren, ist ihr die Natur ein passender und wichtiger Lebensraum. Spuren lesen und Feuer machen, Zeltlager abhalten und sich für andere einsetzen, das war ganz nach ihrem Sinn. Die Pfadfinder haben ihr Orientierung gegeben. 'Lernen durch Tun' – das ist ihr Motto geblieben.

"Schon ganz früh, im Kindergarten, daran erinnere ich mich noch, wollte ich etwas für andere tun. Nachmittags nach der Schule ging ich weiter in den Kindergarten, um dort zu helfen. Ich spürte intuitiv den Kontrast zwischen meinem Elternhaus und dem Kindergarten. Ich bin erst weggeblieben, als ich merkte, dass ich nicht mehr in die kleinen Stühlchen passte. Ich hatte schon damals die Idee, etwas tun zu wollen. Und das, was ich angefangen hatte, wollte ich auch fertigmachen. Ich habe ein Lebensthema, das Erziehen, das habe ich mein Leben lang verfolgt. Mit zehn Jahren habe ich mich schon darauf ausgerichtet."

Ihre Mutter war von Grund auf dagegen. Der Bruder allerdings hätte Pastor werden dürfen, wenn er gewollt hätte. Aber in ihrem Elternhaus gab es keine Bücher und kaum eine geistige Anregung. Doch Marie liest, seit sie lesen gelernt hat, und da sie kein anderes Buch als Grimms Märchen besitzt, liest sie das von vorne bis hinten und andersherum, immer und immer wieder, über ihre ganze Grundschulzeit hinweg. "'Das Marie, das ist wieder am Lesen', sagten sie dann zu Hause. Ich kann mir nicht vorstellen, ohne Bücher gelebt, überlebt zu haben."

Ihre beiden zwei Jahre älteren Zwillingsbrüder sind grob und schlagen und ärgern sie. Aber sie sind schlecht in der Schule, vor allem der Jüngere. Die vierjährige Marie sitzt nachmittags dabei, wenn die Mutter mit den Brüdern die Hausaufgaben macht, und so lernt sie "ganz nebenbei" Lesen, Schreiben und Rechnen.

Nach einem Jahr ist sie es, die dem jungen Bruder nachmittags die Nachhilfe erteilt. Das hat sie selbstbewusst gemacht. Seitdem weiß sie, dass die Ausrichtung auf Bildung und Wissen ihr helfen wird. Die Brüder brauchen ihre Hilfe und so hat sie dem Geschlagen-Werden etwas entgegen zu setzen. Wer sie schlägt, dem hilft sie nicht bei den Schularbeiten.

"Gucke mal, wie das Kleen so schön schreibt", sagte der Vater. Das war eine unheimliche Anerkennung. Dann kam die Fahrbücherei in das Dorf, da haben die Pfadfinder-Bücher sie am meisten interessiert. Das Pfadfindertum hat ihr geholfen – sie stellte fest, dass es außerhalb ihrer Welt noch ganz andere Welten gibt.

Auf den gemeinsamen Fahrten leben sie zehn Tage lang zusammen autark im Wald, später organisiert sie eigene Fahrten. Sie unternimmt eine sechswöchige abenteuerliche Fahrradtour nach Schottland, bei der sie die Verantwortung für zwei jüngere Mädchen übernimmt. Die Familien der Mädchen vertrauen ihr, auch das stärkt ihr Selbstbewusstsein.

Sie arbeitet in den Ferien, im Haushalt und in Fabriken, und erlangt auf diesem Weg die Selbstständigkeit, die sie so dringend braucht. "Und mit 15 Jahren habe ich mir dann gesagt, jetzt entscheide ich!" Mit 16 Jahren geht sie auf die Mittelschule in der Stadt, und jetzt kann sie endlich auch die Stadtbücherei aufsuchen. Eine neue Welt steht ihr offen. Nach der mittleren Reife folgt dann die Frauenfachschule. Mit einer Begabtenprüfung schafft sie es auf die Fachhochschule und absolviert dort ihr Studium für das Lehramt.

Die Familie väterlicherseits stammt von Bergarbeitern ab und ihr Vater konnte kaum lesen. Der Großvater – er kommt aus einer

Landarbeiterfamilie – und später auch der Vater werden beide zu Alkoholikern.

Die Mutter aus dem katholischen Bürgertum besuchte als Mädchen die "höhere Töchterschule". Maries Großvater mütterlicherseits besaß ein eisenverarbeitendes Geschäft. Die Mutter ist religiös und tritt sogar für eine Zeitlang in ein Kloster ein und will Nonne werden. Aber dann entscheidet sie sich doch für eine Familie und heiratet.

Den Bildungswiderspruch haben ihre Eltern nie überwinden können, sagt Marie. "Die Eltern haben sich nie getroffen, die Mutter hatte Ideen, der Vater konnte sich gesellschaftlich nicht einfügen und die Brüder waren Rabauken", erzählt sie. "Aber so habe ich gelernt, mich zwischen den verschiedenen gesellschaftlichen Schichten zu bewegen. Ich habe immer gewusst, dass es auch anders sein könnte."

Die Mutter habe sie nur anfangs gestärkt. Von ihr wird sie in die religiöse Welt der Kirche eingeführt, und sie empfindet die kirchliche Sozialisation als Erweiterung. Die Mutter unterstützt sie, sie erfährt sie als stark, aber das ändert sich in den darauffolgenden Jahren. Durch den Alkoholismus des Vaters verliert die Mutter ihre Position. In ihrem Verhalten ist sie ambivalent. Als Marie weiterlernen will, versucht sie, sie davon abzuhalten. Sie soll zu Hause helfen. Die Mutter verweigert ihr sogar das Essen, da hilft ihr plötzlich der Vater und teilt sein Essen mit ihr.

Marie wird deutlich: "Ich will zur Schule gehen und weiterlernen! Und wenn mich jemand daran hindert, gehe ich zum Jugendamt." Eine junge Lehrerin mit Abitur, in der Volksschule damals eine Ausnahme, unterstützt sie. So erfährt sie immer wieder, dass sie in den verschiedenen Institutionen Hilfe bekommt. Das macht sie stark.

Sie liebt ihre Großmutter und versteht sich eigentlich auch gut mit ihrem Vater. "Früher gab es wenig Anregungen. Aber Armut ist ja nicht nur vom Zwang zum Überleben geprägt." Der Vater nimmt sie mit zu seinen Skat-Runden, und beim gemeinsamen Weg durch den Wald merkt sie, was für ein ungeheures Wissen er über den Wald hat. "Er hat mir weitergegeben, dass der Wald ein Lebensraum ist. Er wusste alles über die Pilze, die Tiere und die Bäume. Er war intelligent, aber er hat nie die Gelegenheit bekommen zu lernen."

Welche Eigenschaften braucht man, um seinen eigenen Weg so sicher finden zu können? Wie hat sie das gemacht, was hat sie gestärkt?

"Mir ist früh klar geworden, wie wichtig Bildung ist. Ich habe mir also überlegt, in welche Richtung ich gehen will und wie viel Zeit ich dafür brauche. Dann hab ich mich ganz darauf ausgerichtet. Ideen zu haben, das ist das A und O. Der Motor, überhaupt etwas zu tun, ist die Motivation. Das ist, was in mir drin ist. Die Technik, zu lernen, wie man damit umgeht, habe ich mir selbst erarbeitet. Wie bewältigt man eine Prüfungssituation? In der Praxis dadurch, jeden Tag das zu tun, was gerade zu tun ist. Und dann kontinuierlich an diesem Ziel weiterarbeiten. Und ich habe mir Hilfe von außen gesucht und auch erhalten."

Sie nennt als Eigenschaft, die sie von innen heraus, für sich selbst gestaltet hat, vor allem den Willen, etwas zu lernen, und dann diesen Willen auf ein bestimmtes Ziel auszurichten.

"Ich musste Vertrauen haben, dass ich das schaffe, was ich mir vorgenommen habe, und bereit sein, mich zu engagieren. Ich muss meine eigenen Grenzen kennen, darüber nachdenken, was ich kann und was ich nicht kann und wo ich Unterstützung bekommen kann.

Ich habe ein starkes Unabhängigkeitsbedürfnis, es war immer in meinem Belieben, etwas zu tun oder nicht zu tun. Dann habe ich gesehen, dass man auch lernen kann, ohne vom Lehrer geführt zu werden. Und ich habe in aller Freiwilligkeit gearbeitet. Natürlich frage ich mich manchmal auch, warum ich mir das antue, aber meist überwiegt die Freude am Lernen und an den sozialen Kontakten."

Sie erfährt viel Positives, aber auch Ambivalentes. Die chronische Unterforderung in Kindheit und Jugend, die Dominanz der Männer, erst als Gewalt in der Familie, später in der Gesellschaft. Im Bildungsbereich habe man es als Frau schwerer, sagt sie. Ihre Arbeiten würden einfach schlechter bewertet.

In der Bildung sollte es keine bevorzugte Förderung für bestimmte soziale Gruppen geben. Alle Kinder müssten generell gefördert werden. Jedes nach seinem Maß. Es sollte keine Dominanz eines Geschlechts geben, das führe zur Unausgewogenheit in der Gesellschaft. "Am Geschlecht scheiden sich die Geister. In unserer Gesellschaft wird das Geschlecht viel zu sehr betont."

Aber die Einengungen waren nie so gravierend, dass diese sie in ihrer Entwicklung gehemmt hätten: "Ich war der Prototyp der Unbildung, das katholische Mädchen vom Land!" Sie hat gelernt, beharrlich, aber nicht stur, ihr Ziel zu verfolgen, und vor allem weiß sie, Hindernisse können mit guten Argumenten überwunden werden.

"Intelligenz entwickelt sich weiter, so lange man lebt. Wir benutzen unser Gehirn viel zu wenig. Eigentlich könnte jeder von uns Meisterleistungen erbringen. Zensuren sind für das Lernen nicht nötig. Die sind nur dafür da, die Leistungen von außen einschätzen zu können. Noten bergen die Tendenz, dass man miteinander konkurriert. Das ist das männliche Leistungsdenken. Ich fände es besser, nicht gegeneinander, sondern miteinander zu lernen."

*Name geändert.

Das Notwendige möglich machen   Ekkehard Krüger

Auf dem Weg zum Haus von Ekkehard Krüger sieht man schon
von weitem die Grasdächer und die intensiven Farben der Öko-
haussiedlung am Stadtrand von Flensburg. Dort wohnt er mit
seiner Frau in einem türkisfarbenen Holzhaus. In dem von Ober-
lichtern beleuchteten zentralen Raum steht der große hölzerne
Esstisch, an den wir uns nach der Begrüßung setzen.
Ekkehard Krüger ist 1940 geboren und studierte nach Abitur und
Wehrdienst Geschichte, Archäologie und Kunstgeschichte. Er arbeitete als Dozent in der Erwachsenenbildung und war von 1972
bis 1976 Studienleiter und Dozent an der Akademie Sankelmark.
Von 1977 bis 1978 wirkte er als Leiter des Jugendhofes Knivs-
berg in Dänemark, einer Bildungsstätte des Deutschen Jugend-
verbandes. Mehr als zehn Jahre lang hatte er einen Lehrauftrag
für Erwachsenenpädagogik an der Universität Hamburg. Er un-
terrichtete an der Volkshochschule und arbeitete zeitweise sogar
als Reiseleiter in Griechenland.
1982 gründete er mithilfe eines Fördervereins den Johanneshof
für Ausbildung und Gruppenarbeit in ganzheitlicher Pädagogik,
der 1990, nach abenteuerlichen Zeiten, in denen die Dozenten
und Mitstreiter von der Hand in den Mund lebten, wegen mangelnder Zuschüsse mit einem dicken Sack voller Schulden geschlossen wurde. "Schade, immerhin hatten wir mehr als 2.000

Teilnehmer im Jahr", kommentiert Ekkehard. Gemeinsam mit dem Förderverein zahlten sie damals ihre Schulden ab und waren nach fünf Jahren tatsächlich schuldenfrei. "Fast alle, die sich dazu verpflichtet hatten, die Schulden abtragen zu helfen, waren am Ende noch mit dabei", sagt er stolz, "das war eine tolle Zeit."

"Eine Arbeitsstelle für ganzheitliche Lebenserfahrungen" nennt er das Projekt Johanneshof, und "in diesem Haus putzt der Chef. Wenn ein Kurs vorbei war, habe ich die Klos geputzt."

Mit einer Handbewegung im Zickzack auf der Tischplatte die sehr unterschiedlichen Abschnitte seines Lebens andeutend, beschreibt er die zahlreichen Stationen eines Mannes, der viel vorhatte und das, was gerade anlag, dann auch gut konnte.

"Einmal haben wir über den Zusammenschluss 'Christen für Abrüstung' während des Jugoslawienkrieges an der Aktion 'Den Winter überleben, den Krieg überleben' teilgenommen und sogar Flüchtlinge auf dem Johanneshof aufgenommen, ein älteres Ehepaar, das dann später nach Frankreich zu ihren Kindern gezogen ist."

1990 machte er einen "Job" in Erfurt, wieder in der Erwachsenenbildung – "Ich habe mein ganzes Leben in Projekten und auf vielen verschiedenen Baustellen für ganzheitliche Lehrerfahrung gearbeitet" – , und trifft dort auch auf Pädagogen aus der ehemaligen DDR. "Die waren damals schon viel weiter, da gab es zum Beispiel etwas, die Deontik, das Wort kennen wir gar nicht, das heißt so viel wie die Planbarkeit der Moral. Das fand ich außerordentlich spannend. Und sie waren dort führend in der Erwachsenenqualifizierung, was bei uns soviel wie 'Lernen im Erwachsenenalter' bedeutet."

Aufgrund seiner vielfältigen Erfahrungen auf dem Johanneshof entwickelt er Modelle für die Erwachsenenbildung und Qualifizierung. Er arbeitet mit Managern und vermittelt ihnen das sogenannte "Lean-Management"-Modell, Motivationsstrategien, an der Akademie für Fach- und Führungskräfte der Deutschen Angestellten-Akademie (DAA) in Flensburg. Seine Schlüsselbegriffe sind selbstverantwortliches Lernen und Teamfähigkeit. Es ging ihm darum, die Strukturen zu ändern, Chefs sollten viel mehr Handlungsspielräume zulassen, um die Kreativität ihrer Mitarbeiter zu fördern. Und Team-Entwicklung sei effektiver, wenn sie von oben nach unten eingeführt werde, wenn sich also auch die Leitung als Team organisiere.

Daneben hatte er noch einen weiteren Schwerpunkt: die Einrichtung von Bürgerbüros als zentraler Anlaufstelle bei den verschiedenen Ämtern, in denen sozusagen "schon an der Pforte" alle wichtigen Informationen vorhanden seien und zahlreiche Behördengänge in einem erledigt werden könnten.

"Erlassjahr 2000", so lautete eine Kampagne, die von mehr als 1.800 entwicklungspolitischen und kirchlichen Organisationen initiiert wurde, an der er über die Kirche teilnimmt. Die untragbar gewordene Schuldenlast verbaute den armen Ländern und den dort lebenden Menschen eine zukunftsorientierte wirtschaftliche und soziale Entwicklung, da die ohnehin knappen Ressourcen häufig zur Abtragung der Schulden benutzt würden. Der regelmäßige Akt eines Schuldenerlasses sei somit ein erster Schritt auf dem Weg in eine gerechtere Weltordnung.

"Der Name 'Erlassjahr' bezog sich auf das sogenannte 'Jobeljahr' und kommt aus dem alttestamentarischen Judentum", erzählt Ekkehard. "Alle 50 Jahre gab es damals ein Jobeljahr, ein Jahr, in dem alle Schulden erlassen wurden. Leider funktionierte das meistens nicht, daher stammt auch unser Ausdruck 'alle Jubeljahre', was soviel heißt wie niemals. Wir haben aber unsere Forderungen wahrmachen können, und so gab es im Jahr 2000 einen ersten Schuldenerlass – immerhin 70 Mrd. Dollar! – für die armen Länder der Erde."

Seit zehn Jahren nimmt Ekkehard Krüger am christlich-islamischen Dialog und deren regelmäßigen Treffen teil. Die "Offene Kirche St. Nikolai", die es unternimmt, die Kirche mitten in der Hektik der Stadt jeden Tag von morgens bis abends als einen Raum der Stille zugänglich zu machen, ist eine von ihm mitgetragene Initiative.

Er organisiert Ausstellungen in der Kirche und erzählt begeistert von einer Bibellesung vor fünf Jahren, als sie zusammen Tag und Nacht, eine Woche lang, die ganze Bibel vorlasen. "Es konnte passieren, dass man um zwei Uhr nachts zum Lesen raus musste. Und immer saßen ein paar Zuhörer auf den Stühlen!"

Alle Teilnehmer der "Offenen Kirche" bringen sich ein und organisieren regelmäßige Veranstaltungen wie die "Gregorianische Vesper" am Donnerstag und die einmal wöchentlich aus den Friedensandachten heraus entstandene Abendmeditation, die Ekkehard leitet.

"Ich bekam eine Einladung von der Weltgemeinschaft für christliche Meditation zu einer Ausbildung als Meditations-Gruppenleiter. Als ich sah, wie einfach diese Meditationen sind und dass ich diese an einem Wochenende erlernen konnte, habe ich das gleich in St. Nikolai eingeführt. Das Herzstück der Meditationen ist ein Sich-auf-die-Stille-Einlassen und die Rezitation eines Wortes aus dem Aramäischen. 'Maranatha', das man mit 'Der Herr ist da' übersetzen kann. Martin Luther interpretierte es am Ende der Offenbarung als: 'Ja, komm Herr Jesus!'"

Und seit 2006 ist er auch Vorsitzender des Seniorenbeirates der Stadt Flensburg. Erst weiß er gar nicht recht, ob er sich da engagieren will, denn seine erste Kenntnisnahme ist eher ernüchternd. "Ich war bei so einer Sitzung – und da ging es um Parkbänke!"

Eigentlich fing es ganz harmlos an mit einem Spaziergang in den nächstgelegenen Altentreff. Dort sammelte er die notwendigen 25 Unterschriften, und dann bekam er zu seiner eigenen Überraschung bei der Wahl die meisten Stimmen.

"Jetzt saß ich da plötzlich in einer Interessenvertretung für Hochbetagte! Bei der ersten Sitzung habe ich dann gesagt, wenn ich schon die meisten Stimmen habe, dann will ich auch Vorsitzender sein." Also wird er Vorsitzender des Seniorenbeirates und hat damit wieder haufenweise neue Baustellen: Lebenswirklichkeit ab 50, Klimaschutz und das Engagement für alte Menschen.

"Und der Landesseniorenrat! 110 Seniorenbeiräte gibt es da. Das Altenparlament. Es findet sich an allen Ecken wieder mehr als genug zu tun." Er liest "Die 50+ Studie" von Dieter Otten* aus dem Jahr 2008: "Wie die jungen Alten die Gesellschaft revolutionieren". Und er stellt fest, dass er mit seinen Beiratsaktivitäten und ihren Herausforderungen auf dem richtigen Weg ist. Seit Beginn arbeiten er und der Seniorenbeirat eng mit der Verwaltung zusammen, um Missstände schon bei ihrer Entstehung zu verhindern und Verbesserungen zu erreichen.

Nachdem der Beirat 14 Jahre lang ohne gesetzliche Grundlage, nur durch einen Ratsbeschluss legitimiert, gearbeitet hatte, konnte eine Satzung erarbeitet werden, die keine Wünsche offen lässt.

Inzwischen beschäftigen sich die Beiratsmitglieder sogar mit der Landesbauordnung und arbeiten Empfehlungen für barrierefreies Wohnen aus. Für den Seniorenkirchentag schreibt er einen Artikel über die Lebenswirklichkeit ab 50.

"Natürlich kümmern wir uns auch um die Menschen in den Heimen, aber das ganze System ist einfach falsch, und das wird an den einzelnen Fällen ja auch sichtbar! Alte Menschen möchten so lange wie eben möglich zu Hause wohnen. Dafür braucht es gute Nachbarschaft im Wohnquartier und organisierte – auch professionelle – Hilfe. Wir brauchen eine ganz andere Kultur, andere Strukturen, eine Anerkennungskultur, in der das Miteinander gezielt unterstützt und gefördert wird. Daran arbeiten wir."

Ekkehard engagiert sich in immer wieder neuen Projekten und immer geht es ihm darum, die Leute aus ihren engen Schienen herauszuholen und Verhaltensänderung zu initiieren.

Er erklärt mir den Unterschied zwischen intrinsischer und extrinsischer Motivation: "Ich habe mich immer auf der intrinsischen Seite befunden, das heißt, ich habe aus meiner eigenen Überzeugung heraus gehandelt. Im Gegensatz zu einer extrinsischen Haltung, die sich von außen motiviert und ihre Wertschätzung von außen bekommen möchte."

Entdeckendes Lernen, das ist sein Ding, verschiedene Horizonte wahrnehmen, im Prozess richtig drin sein, da wo das Leben stattfindet: "Spielen ist die intensivste Lernform! Denn erst einmal muss ich mich selber orientieren." Und: "Wie Rudolf Steiner sagte: 'Der Wille zeigt sich im Tun – nicht im 'Ich möchte'". –

"Die Herausforderungen annehmen wollen, das kann auch der Hund sein oder der Enkel oder dass man endlich die Sachen in Angriff nimmt, über die man sich schon immer geärgert hat. Durchaus auch in der Politik. Das Notwendige möglich machen – und dabei das tun, was ich tun will, mit vollem Einsatz!"

*Dieter Otten: Die 50+ Studie. Wie die jungen Alten die Gesellschaft revolutionieren. Reinbek 2008.

"Zweite Ebene", Eva-Maria Mehrgardt

Die Erinnerungen finden mich
Christa Mehrgardt

Christa Mehrgardt wohnt in Flensburg auf der sogenannten westlichen Höhe in einer ruhigen Straße mit großen alten Villen in einer Altbauwohnung mit hohen Stuckdecken. Die drei ineinander übergehenden Zimmer sind mit Perserteppichen ausgelegt, eine alte Wanduhr tickt, und an den Wänden hängen Gemälde und Zeichnungen. In ihrem Bibliothekszimmer steht außer den Bücherregalen und einer Couch ein großer alter Sessel. Davor ein Tischchen, auf dem sich handgeschriebene Din A4-Seiten, Mappen, Fotoalben und Landkarten stapeln. Hier arbeitet sie.

"Ich habe vor Jahren damit angefangen, die Briefe meiner Eltern aus Südamerika zu sammeln. Ich sammelte die Tagebücher meines Vaters, seine Taschenkalender voller Notizen, und überhaupt alle Dokumente und Fotos über ihr Leben, die ich nur finden konnte. Die Geschichte meiner Eltern ist außergewöhnlich und zudem ein zeitgeschichtliches Dokument, das ich nicht verlorengehen lassen wollte. Heutzutage ist eine Geschichte dieser Art undenkbar.

In der Zeit vor dem Ersten Weltkrieg als Frau allein auszuwandern, wie meine Mutter es getan hat, war sehr sehr mutig. Damals dauerte die Reise mit dem Schiff nach Südamerika fünf Wochen, und jeder Brief dauerte natürlich genauso lang. Inzwischen habe ich eine große Mappe voller Briefe, die ich mir bei meinen Schwestern und von überall her zusammengesucht habe. Erst ging es mir nur darum, diese für meine Kinder und Enkelkinder zu bewahren."

Dass sich daraus ein ganzes Buch entwickeln wird, ist Christa damals noch gar nicht so klar. Mit 80 Jahren fängt sie an, die Fragmente, die sie gesammelt hat, in eine chronologische Ordnung zu bringen. Aber immer wieder fehlen Stücke, sie recherchiert, besorgt sich Landkarten von Bolivien, wo ihre Eltern hoch oben in den Bergen gewohnt haben, und stellt fest, dass dieser Ort auch heute noch auf den Karten schwer zu finden ist. Sie sammelt und durchforstet die alten Fotoalben und informiert sich genauer über die geschichtlichen Ereignisse jener Zeit, die ihre Eltern unmittelbar miterlebt und beeinflusst haben.

"Die Zeitgeschichte spielt da natürlich immer mit hinein. Der Erste Weltkrieg, dann 1918 die Hungersnot in Deutschland und schließlich die Inflation von 1923. Das habe ich alles genauestens recherchiert."

Aus vielen vielen Puzzlestückchen setzt sie etwas zusammen, das erst langsam zu einer Geschichte wird, der Geschichte ihrer Eltern.

"Nun bin ich so alt, nach meinem Tod kümmert sich kein Mensch mehr um die Briefe, und die Zusammenhänge können ohne mich nicht mehr hergestellt werden. Meine Eltern haben sich im Juli 1914 auf dem Schiff nach Südamerika getroffen, meine Mutter hatte einen Vierjahresvertrag als Lehrerin in Osorno in Chile, sie war damals gerade mal 24 Jahre alt.

Mein Vater war 23 Jahre und fuhr auf Einladung eines Studienfreundes nach La Paz in Bolivien, um als Teilhaber auf dessen Farm zu arbeiten. Fünf Wochen reisten meine Eltern gemeinsam, sie erlebten gemeinsam ihre Äquatortaufe und während der Fahrt durch die Magellanstraße einen schweren Sturm, bis meine Mutter schließlich in Valdivia ausstieg.

Er fuhr weiter nach La Paz, und als seine Erwartungen bezüglich der Teilhabe sich als haltlos erwiesen, fand er sich mittellos in einem fremden Land wieder und schlug sich auf abenteuerliche Weise durch. Die beiden wussten nichts mehr voneinander, bis sie sich zufällig im September 1919 in Antofagasta wiedersahen. Sie konnte wegen des Krieges nicht nach Hause, und er war inzwischen aus dem Stand Direktor einer Zinnmine in 5.000 Metern Höhe in den Bergen Boliviens geworden. Nach einigem Hin und Her heirateten sie und haben dann bis 1926 mit drei kleinen Kindern dort oben gewohnt.

Erst als der 'Zinnkönig von Südamerika' sich die Aktienmehrheit unter den Nagel riss, konnten sie nicht mehr bleiben."

Christa kommt ihren Eltern näher denn je, sie lernt die Zusammenhänge sehen und begreift, mit welcher Liebe und auch mit welchen Abgründen und Schwierigkeiten die beiden gelebt haben. Sie spürt, wie sehr sie ihre Eltern immer noch liebt, wie viel sie ihr gegeben haben, und sie hat das Gefühl, sie erst jetzt richtig kennenzulernen.

"Diese Geschichte musste geschrieben werden." Das ist ein Satz, den sie oft wiederholt. "Ich habe ganz viele Bücher über Südamerika gelesen, und ich habe sogar zwei Bücher, in denen mein Vater vorkommt. Er bestieg ohne, oder für heutige Verhältnisse völlig unzureichende Bergsteigerausrüstung, und ohne je vorher geklettert zu sein, aus reiner Abenteuerlust mit seinen drei Freunden den Illimani, mit über 6.400 Metern der zweithöchste Berg Boliviens, und pflanzte dort die deutsche Fahne auf den Gipfel.

Oft hat es mich auch interessiert, wie es wohl heute dort aussieht. Wenn zum Beispiel Guayaquil erwähnt wird. Diese Hafenstadt von Quito, Ecuadors Hauptstadt, ist in den Briefen meiner Mutter ein kleines Nest mitten im Urwald. Jetzt ist das eine große Stadt, ein Ferienort, aber der Urwald ist verschwunden."

Sie beschäftigt sich mit den Lebensumständen der Indios, heutzutage und damals, als sie unter der Leitung ihres Vaters das Zinn aus der Mine holten.

"Er hatte noch eine persönliche Beziehung zu seinen Leuten. Einmal beschwerte sich zum Beispiel eine Gruppe von Indiofrauen bei ihm, dass die Zwiebeln auf dem Markt zu teuer seien. Daraufhin ging er mit ihnen hin und übernahm, als er sah, dass die Zwiebeln tatsächlich viel zu teuer waren, selbst den Zwiebelverkauf. Wie es dort heute ist, kann ich nicht beurteilen. Die schwierigen Lebensumstände der Indios haben sich wohl nicht wesentlich geändert. Ich bin immer sehr vorsichtig damit, über etwas zu schreiben, was ich nicht ganz genau weiß."

Oft sitzt sie Tage an einem kleinen Absatz. Zum Vergleich hat sie andere Biografien gelesen und sich immer wieder Gedanken über den eigenen Stil gemacht. Da sie sich ihr ganzes Leben lang mit Literatur beschäftigt hat, weiß sie ziemlich genau, wo sie hinwill.

Sie schreibt handschriftlich, auf ihrem Tisch liegen alle Papiere fein säuberlich geordnet um den Schreibblock herum.

"Ich habe das alles schon zweimal geschrieben, jetzt bin ich bei der dritten Version." Sie zeigt auf einen dicken Ordner. "Erst habe ich alle Briefe gelesen, danach habe ich sie chronologisch geordnet und dann die Auszüge, die für mich relevant waren, aufgeschrieben. Dann die Lücken recherchiert und wieder geschrieben. Ich feile sehr an den Sätzen, denn es ist mir wichtig, gut zu schreiben. So ist es allmählich zu einer richtigen Erzählung geworden."

Sie hat ihre Freunde und die Kinder Auszüge lesen lassen und um Kritik gebeten. Je länger sie schreibt, desto mehr Erinnerungen stellen sich ein. Sie steigen auf, sagt sie. Rätselhaften Bemerkungen aus den Notizbüchern ihres Vaters forscht sie nach, sie fragt ihre Schwester um Details, und sie verknüpft die Zusammenhänge immer wieder neu, bis sie schlüssig werden. Manchmal dauert es seine Zeit, bis sie an bestimmte Dokumente herankommt, oft muss sie lange suchen und nachfragen.

"Die Erinnerungen finden mich. Das ist wie eine Fülle, eine immer größere Fülle. Wenn ich anfange zu graben, finden mich die Erinnerungen, es ist ein wechselseitiger Prozess. Ein Wechselspiel, erst muss ich mich darauf einlassen, und dann muss ich es ganz gezielt wollen. Ich sah die Notwendigkeit, es wollte geschrieben werden, damit fing es an. Wie ein Zwang, ich musste es einfach machen, jemand anders tat es ja nicht. Nur wusste ich erst noch nicht wie."

Wenn sie liest, achtet sie genau auf den Stil, in dem ein Buch geschrieben ist. Sie liest viel, und ihr vierwöchentlicher Literaturkreis besteht inzwischen schon 22 Jahre.

"Das Schreiben gibt mir Sinn. Es ist so wichtig, im Alter etwas zu tun zu haben. Vor Jahren hab ich schon gesessen und gedacht, was mach ich bloß, ich kann doch nicht den ganzen Tag lesen."

Nach dem Abitur hat sie eine Ausbildung als Kindergärtnerin gemacht, danach war sie hauptsächlich Hausfrau. Als Pastorenfrau hat sie immer in der Gemeinde mitgearbeitet, sie war natürlich im Frauenkreis der Gemeinde und bei allen Treffen, ob Altenkaffee oder Schriftstellerlesung, organisierte und arbeitete sie mit.

Alles, Frauenarbeit und Bazare, oder die Bettler, die an die Tür kamen, eigentlich war sie die Managerin im Hintergrund, die dafür sorgte, dass der Laden lief.

20 Jahre lang hat Christa am Frauenkreis der evangelischen Schwangerschafts-Beratungsstelle teilgenommen, und der Theologiekreis ist fester Bestandteil ihres Lebens. Naturschutz und Menschenrechte liegen ihr am Herzen, und seit vielen Jahren ist sie Mitglied bei der Menschenrechtsorganisationen "Amnesty International" und im Verein "Rettet den Urwald". "Ohne ehrenamtlichen Einsatz kann keine Gesellschaft existieren", sagt sie.

Jetzt ist sie 85 Jahre alt, fährt Auto und arbeitet wie eh und je im Garten, auch wenn sie, wie sie sagt, sehr viel langsamer ist und schneller müde wird. Da sie aus Altersgründen nicht mehr so weit wandern kann, besucht sie regelmäßig Museen und erkundet auf ihren Reisen historische Städte.

"Das Schreiben ist in ein wichtiger Lebensinhalt für mich. Es hat mich wacher, lebendiger und interessierter gemacht. Ich mache allen Mut, ihre Geschichte aufzuschreiben. Die Auseinandersetzung mit der eigenen Geschichte bringt so viel an sonst vielleicht begrabenen Interessen hervor. Ich bin jetzt zum Beispiel ganz besonders an der Entwicklung Boliviens interessiert. Es ist mir fast ein Herzensanliegen, zu erfahren, was aus diesem Land wird, das ich erst durch mein Schreiben richtig kennengelernt habe."

Es gab auch Probleme, denn erst fiel es ihr schwer, die Disziplin zum Schreiben aufzubringen. Sie scheute sich vor der Arbeit und erfand Ausreden. Schritt für Schritt erarbeitete sie sich eine Technik, die ihr half. Sie merkte, dass sie sich intensiv und gründlich mit einem Thema auseinandersetzen musste, das gab ihr das Selbstvertrauen. Durch gut informiert zu sein, fühlte sie sich ihrem Thema gewachsen. Die Sicherheit, dass sie auch schreiben kann, kam dann mit dem Schreiben.

"Erst beim Schreiben habe ich gelernt, wie ich es machen muss. Ich konnte es nur alleine tun, ich musste mir alles zusammenklauben, ich konnte keinen anderen mehr fragen. Beim ersten Mal habe ich vieles falsch gemacht, ich schreibe das Ganze jetzt zum dritten Mal. Und wie mehrere Zahnräder, die ineinandergreifen, die Unterlagen, die Erinnerungen, wie ein Uhrwerk greift plötzlich alles ineinander. Ich habe alles so geschrieben, wie es war. Natürlich habe ich die Geschichte ausgemalt, und irgendwann habe ich dann angefangen, richtig zu erzählen. Um andere dafür zu interessieren, musste es auch gut geschrieben sein. Und jetzt überlege ich sogar, ob ich nicht einen Verlag finden kann, der mein Buch herausgibt."

Man trägt sich selbst
Jürgen Martensen

Obwohl Jürgen Martensen erst 53 Jahre alt ist, wohnt er seit elf Jahren in einer Seniorenresidenz. Seit seinem Autounfall im Oktober 1995 ist er schwerbehindert. Davor führte er seine eigene Firma für Elektroinstallation, Sanitär- und Heizungsbau und hatte fünf Angestellte. Nach dem Unfall lag Jürgen mit Schädelverletzungen fünfeinhalb Wochen lang im Koma. Als er aus dem Koma erwachte, konnte er sich weder bewegen noch sprechen.

Nach einem halben Jahr im Krankenhaus, in dem er mit hohen Dosen Morphium schmerzfrei gehalten wurde, wurde er in eine Rehabilitations-Klinik verlegt. Ein weiteres Vierteljahr verbrachte er entweder im Bett oder im Rollstuhl. Danach beginnt ein jahrelanges Training, in dem er sämtliche Bewegungsfunktionen neu erlernen muss.

"Ich war vier Jahre lang in mir selber gefangen, erst konnte ich mich kaum bewegen und weder sprechen noch gehen. Vier lange Jahre in der Zwangsjacke. Am Anfang hat wohl niemand geglaubt, dass ich das alles überhaupt überlebe."

Aber in all dem Unglück hat er auch immer wieder beinahe märchenhaft anmutendes Glück. "Ich hatte für einen sehr hohen monatlichen Betrag eine Arbeitsunfähigkeits-Versicherung abgeschlossen. Viele meinten damals, ich sei vollkommen verrückt geworden, so eine hohe monatliche Versicherungsrate zu zahlen. Und dann hatte ich tatsächlich ein halbes Jahr später diesen schweren Unfall. Und weil ich diese Versicherung abgeschlossen hatte, habe ich jetzt ein sorgenfreies Leben und kann in einem Apartment der Seniorenresidenz wohnen und bekomme täglich mein Essen."

Es dauerte lange, bevor er wieder richtig Gehen und Sprechen konnte. Zusammen mit seinem kleinen Sohn übte er das Fahrradfahren auf dem Rasen. Dem Sohn gelang dies zwar sehr viel schneller als ihm – aber er lernte es.

"In meiner Firma habe ich bis zur Erschöpfung gearbeitet. Und ich hatte andauernd Kopfschmerzen. Irgendwann sah ich dann eine Ankündigung zu einer Arbeitsgemeinschaft mit Günther Johannsen – "Heiler und Freund der Menschen". Die Ankündigung lautete: "Geistheilung, wie weit hilft uns das im Leben?" Der Kurs fand auf dem Scheersberg, einer Bildungsstätte, statt, und da das ganz bei uns in der Nähe war, habe ich mich angemeldet.

Warum ein Elektroinstallateur sich mit Geistheilung beschäftige, wurde ich schon gefragt. Aber ich fand den Kurs sehr interessant, und danach war ich einmal in der Woche bei Günther Johannsen wegen meiner Kopfschmerzen in Behandlung.

Als ich nach meinem Unfall im Koma lag, hat dieser dann bei meiner Frau angerufen und sie gebeten, ihn ins Krankenhaus zu begleiten, um mich zu besuchen. Dort hat er sich an mein Bett gesetzt und mit mir gesprochen. Ich erinnere mich an alles aus der Zeit im Koma, ich habe alles um mich herum mitbekommen und auch verstanden. Und ich habe mich gut gefühlt, ich hatte endlich Ruhe, das war herrlich!"

Der Heiler erzählte Jürgens Frau, die im Krankenhausflur auf ihn wartete, dass Jürgen in genau fünfeinhalb Wochen aus dem Koma erwachen würde. Und genau fünfeinhalb Wochen später erwachte dieser tatsächlich. Und er erinnert sich daran, dass Günther Johannsen für sein Gefühl Tag und Nacht bei ihm gewesen sei und mit ihm gesprochen habe.

Es beginnt eine lange Reise durch verschiedene Rehabilitationskliniken. Ein halbes Jahr in Malente, danach Steinach, Straubing und Schaufling. Anderthalb Jahre lang kann er nur gehaucht sprechen.

Hat er Probleme damit, dass ihn manche für etwas zurückgeblieben halten, weil er immer noch etwas nuschelig spricht?

"Ach", sagt Jürgen, "das macht nichts, für mich zählt nur, dass ich leben darf. Das Leben ist jeden Tag ein Geschenk für mich. Es ist so wunderbar, hier zu gehen, dass ich wieder laufen kann, die Bäume sehen kann und die Vögel singen höre. Ich erinnere mich an einen Lehrer, einen Theaterwissenschaftler, der auf dem Scheersberg für die Theatergruppe zuständig war. Der sagte immer zu mir: 'Jürgen, achte darauf, das Leben ist ein Theaterspiel, es hängt nur davon ab, welche Rolle du hast.' Zum Beispiel Clown oder so. Ich habe stattdessen eben meinen Behindertenausweis."

Er tat alles, um gesund zu werden: Logopädie, Schwimmen und Krankengymnastik. Am ersten Februar 1999 wurde er endlich aus der Klinik entlassen. Und inzwischen kann er auch wieder gehen und sprechen. Einige Heilpraktiker haben ihm sehr geholfen, sie begleiteten ihn, gaben Ratschläge und legten ihre Hände auf. Er arbeitet immer noch mit verschiedenen Therapeuten und geht zu Familienaufstellungen.

Er hat einen Apparat, der mit elektromagnetischen Feldern die verschiedenen Organe aktivieren hilft, und er hat unendlich viele Reinigungskuren gemacht. Seine Leber ist von den hohen Morphiumgaben aus der Zeit im Krankenhaus schwer belastet, er bekommt homöopathische Heilmittel, aber auch die Schulmedizin hilft ihm weiter.

"Das eine schließt das andere nicht aus", sagt er. Jürgen ist nicht einseitig, und er ist dankbar für jede nur mögliche Hilfe.

Er nimmt teil an den Schweigekursen im Kloster Klara in Würzburg: "Die Umsetzung von der Theorie in die Praxis" nennt er das, "die Verarbeitung von Lebensglück". Die spirituelle Arbeit wird ihm immer wichtiger.

Er meditiert. "Ich bin immer noch auf dem Weg, und Gott gehört zur Heilung mit dazu", meint Jürgen. Er engagiert sich in der St. Nikolai-Kirche in Flensburg und besucht die wöchentlichen Meditations-Abende, er geht einmal im Monat zur Kirchenversammlung und zu den Bibelvorlesungen. Er ist Teil des Präsenzdienstes in der Kirche und sorgt mit dafür, dass die Kirchentüren immer offenstehen.

"Das ist die einzige Kirche, die keine Mobilfunkanlage in ihren Kirchturm hat einbauen lassen, von denen krieg ich so'n Kopf", er breitet die Arme aus, "ich bin sensibler geworden. Bei der Kirche allgemein müssten sie eigentlich etwas offener werden. In der Nikolai-Kirche wollen sie die Seelen ihrer Gemeindemitglieder nicht verkaufen."

Er ist davon überzeugt, dass die Funkanlagen in den Kirchtürmen den Zugang zum göttlichen Funken und zu göttlicher Eingabe behindern. Und: "Die materielle Habgier ist heute für mich ein Problem", sagt er.

Ein Besuch in Zürich, bei dem er den Vortrag der indischen Heilerin Amma Amrita in einer großen Halle miterlebt, begeistert und berührt ihn sehr:

"Was auch immer wir sehen, hören oder erleben in der Welt, ist vergänglich. Wir müssen das ewige Substrat, das alles ist, finden. Dann werden wir verstehen, dass niemand in dieser Welt anders ist als wir. Ob wir lachen oder weinen, die Zeit geht dennoch weiter. Also – warum wählen wir nicht das Lachen? Lachen ist die Musik der Seele. Lasst uns das Gute in anderen sehen und die guten Gedanken, Worte und Aktivitäten teilen. Wir sollten nicht lachen, wenn wir Fehler bei anderen sehen. Wie jede andere Entscheidung, ist auch das Glück eine Entscheidung, ein eindeutiger Beschluss. Was auch immer geschieht, ich werde glücklich sein. Ich werde stark sein. Ich bin nie allein."

Diese Botschaft von Amma versteht er gut, sie entspricht seinen Erfahrungen und sie macht ihm Mut. Nach dem Vortrag dauerte es eine ganze Nacht lang, bis Amma jeden einzelnen der Anwesenden umarmt und auf den Schoß genommen hat. Für Jürgen ist diese Umarmung unbeschreiblich wohltuend und heilend. Genau beschreiben kann er es nicht, er weiß nur, dass alles, so wie es ist, seine Richtigkeit hat, und er fühlt eine unendliche Liebe.

"Ist okay!" scheint Jürgens Lieblingssatz zu sein. Wer öfter mit ihm spricht, kennt diesen Satz von ihm und die Bereitschaft zur Akzeptanz, die aus ihm klingt.

"Ich bin gerne mal etwas naiv", sagt er und lächelt. Dass andere ihn auch mal ausnutzen wollen, trägt er mit Fassung. "Die Oma sagte immer: 'Jürgen, das größte Loch ist nebenan.'"

Inzwischen ist er geschieden, sie haben sich in aller Freundschaft getrennt. Freundschaft, Freiheit, Freude und Frieden, das sind die "vier Fs", denen sie sich verbunden fühlen. Und ihr Trauspruch gilt immer noch für ihn: "Ein jeder trage des anderen Last." Seine Kinder sind inzwischen erwachsen geworden. "Frau hat das gut hingekriegt", meint er. Das Leben ist eine ganze Zeitlang ohne ihn weitergegangen. Das versteht er, auch wenn es manchmal schwer war, so von einem Moment auf den anderen aus dem Leben herauskatapultiert zu werden.

Seine Erfahrungen, wie auch immer sie geartet waren, sind für ihn Wegweiser, aus denen er lernt. "Mein Unfall war nur eine Möglichkeit für meinem Engel, unerkannt Einfluss auf mein Leben zu haben", sagt er. Und: "Man trägt sich selbst."

Was er damit meint, erklärt er mit einer Parabel aus der Bibel, die sich ihm besonders eingeprägt hat: "Jemand suchte Gott auf der ganzen Welt. Er suchte und suchte und fand ihn nicht. Eines Tages aber sieht er Gott hinter sich stehen. Er fragt ihn, wo er denn plötzlich herkomme, und Gott antwortet ihm, er sei immer dagewesen."

"Unsere größte Angst ist nicht, dass wir unvollkommen sind. Unsere größte Angst ist, dass wir über die Maßen stark sind. Es ist unser Licht, nicht unser Schatten, das uns am meisten ängstigt."

"Rückkehr zur Liebe. Ein Kurs in Wundern."

Marianne Williamson

Glück ist ein Parfüm

Immer mehr Menschen leiden an Stress, Burnout und Depressionen. Vergeblich jagen wir immer neuen Vergnügungen hinterher, wir gehen shoppen, besuchen fantastische Events und bereisen exotische Länder. Wir suchen Erfüllung in einer Partnerschaft oder in der Arbeit. Und doch scheinen viele von uns die Fähigkeit zu dauerhaftem Glück verloren zu haben.

Wir machen unser Glück ganz und gar von äußeren Umständen abhängig und nehmen die billigen Versionen ernst, die die Medien uns vorgaukeln. Der Himmel beim ersten Kuss ist voller Geigen, und dann den Rest des Lebens einfach immer so weiter.

Wir hoffen, in einem Wunschleben zu landen, das es so gar nicht geben kann. Und Krankheit, Schmerz, Verlust und Einsamkeit klammern wir der Einfachheit halber erst einmal ganz aus.

Wir sind soziale Wesen, die ohne die Gemeinschaft nicht überleben können. Andere Menschen bauen unsere Straßen, sie backen unser Brot und sorgen dafür, dass wir zuhause das Licht anmachen können. Und doch verhalten wir uns oft so, als wären wir allein auf der Welt, und suchen nur unseren eigenen Vorteil.

Wir tun viel für unsere Gesundheit. Wir trainieren unseren Körper, um fit und schön zu bleiben und möglichst lange zu leben. Wir pflegen ihn mit Cremes und färben unsere Haare, wir lassen uns massieren, rasieren, punktieren und mit Vitaminen revitalisieren. Dabei vergessen wir ganz, unsere Seele, unseren Geist, genauso zu pflegen und zu trainieren.

Was uns von Tieren und Pflanzen unterscheidet, ist dass wir geistige Wesen sind und, soweit wir wissen, die einzigen Lebewesen mit einem reflektierendem Bewusstsein.

Diese Fähigkeit, die Umwelt und unsere Gefühle und Gedanken bewusst wahrzunehmen, macht erst den Menschen aus. Und so wie wir für unser körperliches Wohl sorgen, so sind wir auch für unsere geistige Gesundheit verantwortlich.

Ein gütiges Herz, die Gabe, sich in andere hinein zu versetzen und für seine Mitmenschen da zu sein, bekommen wir nicht unbedingt automatisch bei unserer Geburt mit in die Wiege gelegt. Oft lernen wir erst durch unseren eigenen Schmerz, auch den

Schmerz und das Unglück unserer Nächsten wahrzunehmen. Miteinander leben, lachen und reden, füreinander sorgen und einander helfen, will gelernt sein. Glücklich sein will gelernt sein ... Wer wach und bewusst mit sich selbst umgeht und bereit ist, nach innen zu schauen, wird sich auch leichter in andere hineinversetzen können.

"Glück ist ein Parfüm, das du nicht auf andere sprühen kannst, ohne selbst ein paar Tropfen abzubekommen", sagte schon vor über 100 Jahren Ralph Waldo Emerson, ein amerikanischer Philosoph und Schriftsteller.

Wir können unser Schneckenhaus verlassen. Und vielleicht stellen wir dann erstaunt fest, dass wir einander gar nicht so sehr fremd sind. Einsamkeit, Unsicherheit und Neid, Wut und Angst erfährt jeder von uns. Wir können lernen, unsere Gefühle zu akzeptieren, indem wir sie einfach wahrnehmen als das, was sie sind – als vorübergehende Erfahrungen.

Was wir in schwierigen Zeiten am meisten benötigen, ist Raum. Raum, in dem wir loslassen können und in dem wir uns zwischen den Gegensätzen, wie zum Beispiel Ärger und Freude es sind, hindurch frei bewegen können. Anstatt uns einseitig festzulegen, schaffen wir uns einen Freiraum, in dem Verständnis und neue Erfahrungen entstehen können.

Diesen Raum finden wir nicht, indem wir vor unseren Gefühlen weglaufen und uns verschließen und von der Welt abwenden. Wir finden ihn in uns selbst, indem wir unsere Konflikte zulassen und tiefer nach innen schauen. Tief in unserem Inneren gibt es einen natürlichen Raum der Stille. Einen Raum, der die Gegensätze aufhebt und in dem Friede, Liebe und Einheit unteilbar mit uns verbunden sind.

Die Bewegung in diesen Raum hinein ist eine Bewegung nach innen, zurück zu unserer ursprünglichen Einheit. In diesem Raum herrscht nicht mehr das *Entweder-Oder,* nicht entweder gut oder schlecht, sondern das *Sowohl-Als-Auch.* Diese beiden Seiten unseres Lebens anzunehmen als das, was gerade ist, führt zu einer toleranteren Haltung uns selbst und anderen gegenüber und damit hinaus aus dem beschränkten Raum unserer Vorurteile. Denn sowohl Liebe als auch Hass sind ein Ausdruck unserer ewigen Lebensenergie. Und Bewusst-Sein ist der Schlüssel. Von hier aus können wir den ganzen Raum überblicken und lernen, den Weg der Mitte zu gehen. Und dort, wo sich die Gegensätze in Friede und Einheit vermählen, entsteht das Wunder unserer Kreativität, die etwas Neues und Wundervolles entstehen lässt.

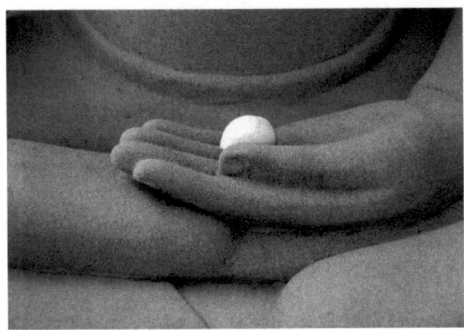

Meditation

Meditation, was ist das eigentlich? Es gibt viele verschiedene Arten zu meditieren, aber immer wird es darum gehen, das eigene Sein bewusst und ganzheitlich zu erfahren. Eine ausgewogene Balance von Körper, Gefühl, von Denken und Sein, wird durch das Erkennen von eigenen Verhaltensweisen und Mustern unterstützt, und es wird ein waches Bewusstsein über das eigene Da-Sein entwickelt. Erfahrungen von Stille und Einheit werden uns dabei helfen, bedrückende Gefühle, Emotionen und Konflikte zu überwinden.

Durch die Praxis der Meditation lernen wir, unsere Energien wieder frei strömen zu lassen und Kontakt zu unserem natürlichen Sein und unseren inneren Qualitäten und Lebenszielen zu bekommen. Auch belastende Themen und Gefühle spielen dabei eine Rolle. Wir nehmen die hellen und die dunklen Seiten des Lebens wahr, und indem wir diese offen und bedingungslos annehmen, geben wir ihnen automatisch einen Platz in unserem Leben.

Wissenschaftliche Studien belegen den Erfolg von Stressbewältigung durch Meditations-Übungen, und inzwischen werden diese weltweit an mehr als 300 Kliniken und Instituten gelehrt und praktiziert. Demnach unterstützt die Praxis der Achtsamkeit die Bewältigung von durch Stress ausgelösten Konflikten sowie Angst und Depressionen. Im achtungsvollen und vorurteilsfreien Umgang mit uns selbst entspannen sich die verstörenden Gefühle und Gedanken, die unsere Lebensqualität vermindern und uns krank machen können. Einsicht in den eigenen Prozess führt zu mehr Selbstvertrauen und Akzeptanz und damit zu einer selbstbestimmten Lebensweise.

Wenn unsere Gedanken einfach nicht zur Ruhe kommen und sich wie in einem Karussell im Kreise drehen, wenn die Gefühle wie ein "wildgewordener Elefant" mit uns durchgehen, dann lernen wir in der Meditation, anders und besser damit umzugehen.

Es gibt viele verschiedene Anbieter von Meditationskursen. Alle religiösen Traditionen – wie der Hinayana-, Mahayana- und Zen-Buddhismus, der Hinduismus, der Sufismus und der Taoismus, die jüdische und die christliche Mystik – wenden sich dem inneren Menschen zu. Sie alle haben das Wohlergehen des Menschen durch die Praxis eines persönlichen Transformationsprozesses zum Ziel. Im Mittelpunkt all dieser Übungswege steht also der Mensch, der seinen eigenen Weg und seinen eigenen Sinn sucht. Die meisten Menschen kommen zur Meditation mit dem Bedürfnis nach innerer Ruhe.

Und genau das geschieht auch. Meditation ist eine Schulung des Geistes, die uns zur Ruhe führt. Der Geist ist pausenlos in Aktion, obwohl ein ruhiger Geist eigentlich etwas ganz Natürliches ist. Um diese Ruhe zu erlangen, brauchen wir Übung. Dabei spielt es keine Rolle, ob man sich einer Religionsgemeinschaft zugehörig fühlt und ob man religiös ist oder nicht.

Der Buddha sagte: "Akzeptiere keines meiner Worte auf reinen Glauben hin, glaube sie nicht, nur weil ich sie sage. Sei wie jemand, der beim Kauf von Gold schneidet und brennt und das Produkt kritisch auf Authentizität prüft. Akzeptiere nur, was den Test besteht, für dein Leben nützlich und vorteilhaft zu sein."

Achtsamkeits-Meditation

Die Achtsamkeits- oder Vipassana-Meditation ist eine 2.600 Jahre alte Tradition aus Asien. Sie hat sich aus dem Buddhismus entwickelt, ist aber in der Praxis nicht an eine bestimmte Religion gebunden.

Meditation ist das Betrachten unseres aktiven Geistes. Dieses Anschauen unserer Gedanken und Gefühle geschieht, ohne dass wir diese als gut oder schlecht beurteilen. Ruhiges Betrachten führt zur Selbsterkenntnis. Wir erkennen, wie wir unser Leben leben.

Durch eine kontinuierliche Übungspraxis kommt es zur Beruhigung des Geistes, verbunden mit Gefühlen des Glücks und der Freude. Diese Erfahrungen sind die Voraussetzung, um sich dem Ziel der Meditation zu nähern. Das Ziel ist eine neue Sichtweise. Diese entsteht spontan durch einen in sich gesammelten Geist.

Wenn sich unsere Achtsamkeit verdichtet und sich auf den jetzigen Moment konzentriert, erkennen wir intuitiv die Zusammenhänge und die Grundlagen aller Existenz. Dadurch lassen wir uns immer weniger von unseren neurotischen Ängsten, Sorgen und Zweifeln bestimmen. Und zu unserer Überraschung entdecken wir hinter unseren turbulenten Gedanken eine tiefe Stille, die immer bei uns ist.

Meditation führt somit zur Ruhe und über diese Ruhe zu tiefen Einsichten. Das ist der Weg weiser Menschen. Der meditative Weg ermöglicht es uns, aus einem Gefühl der Verbundenheit heraus, authentisch und kraftvoll in der Welt zu stehen und unseren Aufgaben mit mehr Beherztheit, Mitgefühl und Zufriedenheit nachzukommen.

In der Meditation wenden wir uns den eigenen Wahrnehmungen zu und beobachten diese, ohne sie zu beurteilen. Vorurteilsfrei und neutral zuzuschauen, ist das Wichtigste. Toleranz uns selbst und allen anderen gegenüber schafft die Offenheit und den Raum, in dem sich unser Geist automatisch entspannen kann.

Meist halten wir ein Bild von uns selbst für wahr, das uns durch unsere Außenwelt auferlegt wird: Ich bin die und die Person, ich habe den und den Beruf und ich heiße so und so.

Und wenn ich in den Spiegel gucke, sage ich mir: Ich bin diese Person. Alles unter Kontrolle, oder? ICH BIN!

Und schnell entstehen dann die Fragen: Warum bin ich? Wozu lebe ich? Und, wenn uns etwas Unangenehmes widerfährt, dann fragen wir uns gar: WARUM ICH?

In der Meditation stellen wir die Frage anders: WIE BIN ICH? Was passiert hier eigentlich genau? Das untersuchen wir, indem wir uns hinsetzen und einfach das, was gerade in und mit uns passiert, beobachten.

Alles verändert sich stetig – es wandelt sich – entsteht – und es vergeht wieder. Das Einzige, was feststeht, scheint diese immerwährende Veränderung zu sein – immerwährender Wandel. Und – ohne Wandlung gäbe es keine Entwicklung, sondern nur ewigen Stillstand. Trotzdem, Veränderungen sind uns unheimlich, irgendwie hätten wir am liebsten, das alles so bliebe, wie es ist. Aber wenn wir nachdenken, dann wissen wir natürlich ganz genau, dass das nicht geht.

Die reine Wahrnehmung ist von Natur aus nicht voreingenommen – sie nimmt einfach das wahr, was ist. Unser Bewusstsein hat keine Eigenschaften. Es ist neutral, tolerant und offen. Und so grenzenlos wie der weite Himmel.

Je größer der Raum ist, den wir uns zugestehen, desto größer ist die Toleranz uns selbst und anderen gegenüber. Je weniger wir uns selbst begrenzen, desto freier können wir sein.

Diese Offenheit ohne Vor-Urteil ist wahrhaft selbst-befreiend. Sie befreit uns von den Gegensätzen, von den Extremen. Sie entspringt unserem tiefsten Sein und ist nichts anderes als unsere ursprüngliche Natur.

Während wir achtsam beobachten, stellen wir fest, dass sich die äußeren und inneren Sinneseindrücke ständig verändern. Sie haben die Eigenschaft der Unstetigkeit. Sie kommen und gehen. Aber das, was in uns schaut, ist beständig und ist von Natur aus neutral und vorurteilslos.

Mal sind wir glücklich, dann wieder traurig. Wir möchten unser Glück festhalten, aber es fliegt ebenso vorbei wie die Wolken am Himmel. Das ist unsere größte Angst. Aber es ist auch unsere größte Chance! Das Leben können wir nicht verändern. Leiden und Glück kommen und gehen. Alles ändert sich andauernd. Wir können nichts für immer festhalten. Aber wir können unsere Haltung verändern. Denn ohne diesen ewigen Wechsel wäre kein Leben und keine Entwicklung möglich.

Wir sehen das Abenteuer, das das Leben eigentlich ist, das "Glück hinter dem Glück", oft vor lauter Festklammern und der daraus resultierenden Angst nicht. Dabei liegt es direkt vor unserer Nase und ist uns zum Greifen nahe. Das Leben selbst spielt immer und ewig in diesem Moment. Und wir selbst sind dieses Leben! Unser klarer und bewusster Geist gleicht dem weiten Himmel, an dem die Ereignisse, Gefühle und Gedanken wie die Wolken vorüberziehen. Im Bewusst-Sein erkennen wir, wer wir wirklich sind.

Wer einen Kurs in Meditation belegen möchte, findet meist Angebote an einer Volkshochschule. Vielleicht gibt es auch eine Gruppe Praktizierender in der Nähe, vielerorts haben sich Meditations-Gruppen gebildet oder es werden Kurse in Achtsamkeits-Meditation angeboten. Und in vielen Städten gibt es Menschen, die sich regelmäßig zu Zen-Meditationen treffen. Am besten schnuppert man erst einmal in die eine oder andere Gruppe hinein, bis man ein passendes Angebot findet.*

Für christliche Meditationen wendet man sich entweder an die eigene Kirche, die meisten Kirchen haben inzwischen einen Meditations-Beauftragten, oder an die "Weltgemeinschaft für christliche Meditation".** Diese Form der Meditation findet auch unter der Leitung von Dr. Ekkehard Krüger in der Nikolai-Kirche in Flensburg statt.

*Auf der Website der Autorin – www.bilwiz.info – gibt es unter "Meditation" eine Liste mit Literatur und verschiedenen Links.
**Quelle: www.wccm.de

"Wie eine Biene den Nektar bei allen Arten von Blumen sucht,
suche die Lehren überall.
Wie ein Reh, das einen ruhigen Platz zum Grasen sucht,
suche die Abgeschiedenheit, um all das zu verinnerlichen,
was du gesammelt hast.
Wie ein Verrückter, jenseits aller Grenzen, geh wohin du auch
willst, lebe wie ein Löwe, völlig frei von jeder Angst."

Dzogchen Tantra

Den Alltag üben

Die folgenden kleinen Alltags-Meditationen sind sehr wirkungs-voll, sie steigern unser Wohlbefinden und helfen uns, Unzufrie-denheit und Stress abzubauen.

Wenn wir in unserem Alltag immer mal wieder für kurze Momen-te innehalten, entwickelt sich unsere Lebensfreude und unsere innere Klarheit ganz natürlich und spontan. Die Wirkung ist so-fort spürbar. Je nach Vorliebe kann man später ein oder zwei die-ser Übungen zur täglichen Gewohnheit machen.

Übung 1 kannst du immer und überall machen, im Supermarkt, beim Friseur und zu Hause auf dem Sofa. Auf spielerische Art und Weise und mit Freude am Spiel wirst du erleben, dass die Welt um dich herum farbiger und offener wird.

1. SPÜREN, was gegenwärtig ist

Nimm wahr, was GENAU JETZT in Deiner Umgebung geschieht. Registriere so genau wie möglich, was Du gerade wahrnimmst. Wo bist du? Was hörst du, was riechst du?

Sage dir selbst: "Hier und jetzt bin ich ... auf der Straße, im Su-permarkt, im Wohnzimmer ... Und, hier und jetzt sehe ich ..., in diesem Moment höre ich ..., jetzt rieche ich ..."
Zähle innerlich alles auf, was du gerade in deiner Umgebung wahrnimmst.

Schau dich um. Registriere alles ganz genau und benenne es mit deinen eigenen Worten. Spüre, wie du ganz und gar dort an-kommst, wo du dich gerade befindest.

Mach diese Übung, wann immer du Lust hast und überall. Wenn du spürst, dass sich der Raum um dich herum öffnet und du dich da wohlfühlst, wo du gerade bist, kannst du mit der nächsten Übung weitermachen.

2. Den Körper SPÜREN

Mach mit dem Körper weiter. Fang bei den Füßen an. Spüre, wie deine Füße den Boden berühren, lasse sie fest auf dem Boden ruhen.
Erweitere deine Aufmerksamkeit auf den ganzen Körper. Fühle, wie dein Körper den Stuhl berührt oder wie du stehst. Bring dein Gewicht nach unten.

Nimm deinen Körper wahr und spüre bei jeder Übung in dich hinein. "Hier und jetzt fühle ich, wie mein Körper den Stuhl berührt." Oder: "In diesem Moment fühle ich Spannung in der Schulter." – "In diesem Moment juckt mein Rücken."
Spüre in dich hinein: "Jetzt spüre ich, wie mein Bauch warm wird." – "Jetzt spüre ich Ungeduld", usw.
Nimm einfach alles wahr, ohne weiter nachzudenken und ohne darüber zu urteilen. Wiederhole einen Satz, mit dem du ein Gefühl benannt hast, zum Beispiel: "Ich spüre Wärme", oder: "Ich sehe Farben", so lange, bis eine neue Wahrnehmung deine Aufmerksamkeit auf sich zieht.
Wird deine Aufmerksamkeit durch nichts Besonderes angezogen, dann konzentriere dich auf den Raum um dich herum.
Sieh die Farben und lausche den Geräuschen, höre, wie die Töne sich im Raum ausdehnen, wie sie lauter und wieder leiser werden. Nimm den Raum ganz bewusst wahr.

Spüre deinen Atem. Sag dir zum Beispiel: "Jetzt atme ich. - Jetzt atme ich. - Jetzt atme ich." Bemerke, wie dein Brustkorb sich beim Atmen hebt und senkt.
Benutze immer den gleichen Ausdruck, wie zum Beispiel "jetzt ..." oder "in diesem Moment ..." Registriere dabei auch deine Widerstände vorurteilslos: "Jetzt fühle ich Unbehagen. Jetzt spüre ich Widerstand."
Sag dir einfach: "Jetzt fühle ich ... Spannung, Unlust oder Ärger", und mach einfach weiter. Bald wirst du feststellen, dass jedes Gefühl nach einiger Zeit automatisch verschwindet und durch ein neues ersetzt wird. Halte nichts fest!

Wenn deine Gedanken abschweifen und du das Gefühl für das Gegenwärtige verlierst – auch das gehört dazu. Komm einfach wieder zurück. Alles ist genau so, wie es sein soll.

Es kann auch Angst vorkommen, vielleicht getarnt als Langeweile, Ungeduld oder Ärger.
Registriere einfach die Gegenwart solcher Widerstände.
Sobald du diese Gefühle anschauen kannst, ohne dich dafür zu verurteilen, verschwinden sie so schnell wie Schnee in der Sonne.
Versuche auch die guten Momente einfach vorübergehen zu lassen, klammere dich nicht an sie!
So wie jemand auf einer Reise viele Dinge vorbeikommen sieht, genau wie die Landschaft vorbeirast, die du aus einem Zugfenster heraus beobachten kannst, lasse die Ereignisse und die Gefühle an dir vorbeiziehen, ohne sie anzuhalten.
Sei weder von dem, was du wahrnimmst, noch von dem, was du gerade fühlst, alarmiert.
Versuche nicht, etwas festzuhalten oder zu erforschen. Identifiziere dich nicht zu sehr mit den Geschehnissen um dich herum oder mit deinen Emotionen.
Nimm einfach alles wahr, verweile vielleicht ein wenig und lass es dann weiterziehen.

Wenn du diese Übungen ein paar Tage lang gemacht hast, mach weiter mit Übung 3.

3. DAS SPÜREN von Gegenkräften

ZEICHNE mit zwei Stiften, gleichzeitig mit der linken und der rechten Hand, auf ein großes Blatt Papier. Kreise mit beiden Händen und zeichne mit beiden Händen einen Kreis oder ein Gesicht, eine Spirale, ein Viereck oder einen Baum.
Wie es aussieht, ist nicht wichtig, die Erfahrung ist wichtig. Bewege wenn möglich nicht nur die Hände, sondern auch die Arme, während du zeichnest.

GEH eine Zeitlang rückwärts. Das tut dir und auch deinem Rücken gut! Auf einer einsamen Landstraße, an einem weiten Strand am Wasser entlang oder – für ganz Mutige – eingehakt zu zweit in der Fußgängerzone.

Da du nicht siehst, wo du hingehst, wirst du dich vielleicht unsicher fühlen. – Nimm es wahr, aber bleib nicht in dem Gefühl der Unsicherheit stecken.

Betrachte eventuelle Ängste mit Interesse und lass sie vorbeiziehen. Wenn du zu unsicher bist, nimm dir einen kleinen Handspiegel und schau beim Rückwärtsgehen hinein. Betrachte die Wolken und die Vögel.

DENKE dir Gegensatzpaare aus, in denen es beide Teile nicht geben könnte, ohne die wirkliche oder angenommene Existenz ihres Gegenteils.

Zum Beispiel: Hier oder Dort, Mehr oder Weniger, Schwarz oder Weiß, Oben oder Unten, Gut oder Schlecht, Dunkel oder Hell.

Was ist dazwischen?

FRAGE dich: Sind das echte Gegensätze, oder gibt es mehr Möglichkeiten, wie bei Anfang oder Ende (die Mitte), Lust oder Widerwille (Gleichmut), Alles oder Nichts (ein Wenig).

ACHTE auf den Nullpunkt zwischen den Gegensatzpaaren. Stell dir diese Mitte der Gegensätze bildlich vor, versetze dich in sie hinein. Stell dir vor, wie es ist, zwischen Licht und Düsternis zu stehen, zwischen Ärger und Akzeptanz oder Lust und Unlust.

4. UMKEHRUNGEN

DENKE dir Alltagssituationen, Gegenstände oder Tätigkeiten aus, die genau das Gegenteil dessen sind, wofür du sie gemeinhin hältst. Sei kreativ, wenn du die ersten Gegenteile gefunden hast, wirst du immer mehr finden!

Autos fahren dahin, woher sie kommen, die Brücke ist in Wirklichkeit ein Tunnel. Auf dem Himmel kann man spazieren gehen, der Nachbar kehrt die Blätter in seinen Garten hinein anstatt hinaus. Der Busfahrer fährt nur rückwärts, die Straßenbahn ist ein Swimmingpool. Der Zug fährt in den Himmel, die Leute stricken Pullover weg. Die Kassiererin im Supermarkt gibt dir Geld für die Waren. Und die Straßenlaternen schlucken Licht.

Lass deiner Fantasie freien Lauf und genieße den Unsinn.

Betrachte Gegenstände, Bilder und Gedanken, als wäre ihr Zweck genau das Gegenteil von dem, wofür man sie gewöhnlich hält. Zum Beispiel: Häuser haben keine Hohlräume, sondern sie sind kompakt, so dass man nicht in sie hineingehen kann. (Ein Freund hat tatsächlich einmal in einem Laden eine Frau sagen hören, was für ein Glück es sei, dass die Häuser innen hohl seien!) Und: Der Regen trocknet die Erde, und Rechnen macht dumm. Von trüben Gedanken wird man fröhlich, und in der Nacht sieht man besser. Der Kühlschrank kocht die Eier, auf dem Herd frieren die Speisen ein. Deine Füße denken mit!

STELLE dir eine Situation vor, die genau das Gegenteil deiner jetzigen Situation ist. Du wärst ein Mann anstatt einer Frau, ein Baby statt erwachsen, wohntest auf dem Gipfel eines Berges, lebtest im Wasser. Du könntest fliegen wie ein Vogel, oder du lebtest wie der Dachs in einer Erdhöhle am Feldrand.

Und wie wäre es, wenn du entgegengesetzte Wünsche und Neigungen hättest? Zum Beispiel tust du nichts lieber, als Hochsprung auf dem Acker zu üben oder Mäuse mit der Hand zu fangen. Du läufst liebend gerne im strömenden Regen herum und wirst patschnass, und dein größter Spaß ist es, dich im Matsch zu wälzen. Oder du hättest gerne ganz ganz wenig Geld. Du magst am liebsten Leute in alten schmutzigen Kleidern und schläfst gerne im Stehen ...

Spiele mit den Umkehrungen, amüsiere dich und staune über den Unsinn, den du hervorkramst. Mach dir nichts daraus, wenn die Umkehrungen nur lächerliche oder traurige Seiten offenbaren. Es ist ein Spiel.

SETZE deine Wertmaßstäbe zeitweise außer Kraft, wie zum Beispiel gut oder schlecht, töricht oder vernünftig, möglich oder unmöglich, hässlich oder schön.
Steh zwischen den Gegensätzen, hab an beiden Seiten Interesse, ohne dich auf die eine oder die andere Seite zu schlagen.

Umkehrungen bilden unsere Fähigkeit aus, Werturteile zu relativieren und sicherer und selbstbestimmter zu leben.

Und wenn du noch Lust hast, mach mit Übung 5 weiter.

5. STELL dir alle Bewegungen um dich herum in umgekehrter Reihenfolge vor. Wie ein rückwärts laufender Film. Das geht besonders gut im Zug oder im Bus (bitte nicht im Auto!).
Kehre alles um! Das Moped fährt rückwärts an dir vorbei, die Zeit läuft von abends nach morgens, und die Sonne geht im Osten unter. Du isst dein Essen, bevor du es gekocht hast.

UND – stell die Ereignisse und Bilder auf den Kopf. Das Frühstück ist an der Decke angerichtet, die Freundin schläft auf dem Tisch in der Küche, und dein Enkel wischt den Fußboden mit Staub. Die Bäume sind knallrot und wachsen aus den Wolken. Die Vögel fliegen unter Wasser, und die Fische schwimmen in der Luft.

LASS deine Fantasie los!

STELL dir verschiedene Situationen vor, die normalerweise so nicht vorkommen. Zum Beispiel, du hättest heute morgen im Bett geduscht oder wärst gar nicht aufgestanden. Oder du bist drei Meter groß oder ganz winzig klein. Der Ameisenhaufen im Wald ist eine Großstadt oder dein Wohnzimmer ist plötzlich nur drei mal drei Zentimeter groß.
Du stellst auf deiner Geburtstagsparty den Bettler aus der Fußgängerzone als deinen neuen Freund vor. Du siehst, wie dein Chef

an der Supermarktkasse eine Arie schmettert, die Kassiererin legt einen Tango hin, und die Bäckersfrau verziert ihre Torten mit Salamischeiben, usw. usw.

Und: STEH unbedingt immer mal wieder auf einem Bein oder bewege dich in Zeitlupe.

+++ Angeregt durch "Zur Praxis der Wiederbelebung des Selbst" von Frederick S. Perls, Ralph F. Hefferline und Paul Goodman, und von mir leicht verändert und ausgesponnen.

Gesundheit und Wachstum im Alter
Dr. Ekkehard Krüger

Im Gespräch mit Altersgenossen über 60 höre ich oft: "Das geht nicht mehr", oder: "Solange ich noch kann ..." usw. Jeder von uns wird sich gelegentlich bei solchen deprimierten Äußerungen ertappen. Dabei wird verkannt, dass in jedem Alter der persönliche Lebensstil verändert und verbessert werden kann. In jedem Alter können körperliche, seelische und geistige Fähigkeiten nicht nur gepflegt und erhalten, sondern sogar auch erweitert werden. Allerdings: Ein "Zurück" oder "Alles wie früher" als Ziel ist nicht angesagt!
Gesundheitsbewusstes Leben ist keine Frage des Lebensalters. Es setzt lediglich(!) Erkenntnisse über die eigene Lebensphase voraus.

Wer sich mit dem Thema beschäftigt, stößt schnell auf Gesundheitstipps: das "Übliche", wie ausgewogene Ernährung, ausreichende Bewegung, vorsichtiger Umgang mit Genussmitteln, Vorsorgeuntersuchungen, Krankheiten nicht einfach hinnehmen, Hilfen organisieren usw. – Aber es gibt auch den Aspekt, sich etwas zuzumuten und den eigenen Alltag aktiv zu gestalten.

Das ist für mich besonders wichtig: Alter ist wohl in Bezug auf die gewohnte körperliche Leistungsfähigkeit mit Begriffen wie "abnehmen, weniger, mühsamer" verbunden. In meinen Augen "verloren" haben die Leute im "Ruhestand", die ihre Woche vornehmlich durch Arzttermine und das TV-Programm strukturieren lassen, immer im Gleichen verharren. Für unsere seelischen und geistigen Fähigkeiten gelten aber eher "verändern" und "wachsen". Wenn das gelingt, wirkt es natürlich auch auf die körperliche Gesundheit und Leistungsfähigkeit zurück. Wenn ich den in den nachfolgenden "Tipps" beschriebenen Weg betrete, erwachsen schon aus den ersten Schritten auch Aufgaben, die mich sogar bei "Unpässlichkeit" oder leichten Erkrankungen aus dem Bett, aus dem Zimmer, aus dem Haus treiben. Und dann wird's immer spannend.

Tipps für "Wachstum im Alter"

Herausforderungen aufsuchen, d.h. mich auf Dinge einlassen,
deren Ende man nicht absehen kann.
Körperliche Aktivität.
(Gymnastik, Sport, Enkel hüten, Hund anschaffen, umziehen.)
"Ehrenamt" oder freiwillige Arbeit.
(Politik, Seniorenbeirat, Besuchsdienst, offene Kirche ...)
Fotografieren, schreiben, malen, werkeln, einen (Schreber-)
Garten anlegen ...
Eine neue Fähigkeit erwerben.
(Gesangsstunde, Instrument auffrischen oder neu lernen.)
Reisen, sich weiterbilden, etwas Neues lernen, bei Auslands-
reisen Sprache lernen.
Sich – neu? – verlieben.
Aufmerksam sein: Was ist? Was will sein? ... Und ich?
Offen sein für das, was ist.
(Mit mir selber, in meiner engeren und weiteren Umgebung, in
Politik und Gesellschaft.)
Neugierig sein auf das, was sein will.
(Ansätze für mögliche Veränderungen, Entwicklungen wahrneh-
men.)
Die Wahrnehmung von mir selbst in meinem Umfeld, im gegen-
wärtigen Tun usw. ausbilden und pflegen.
Bereit sein, Veränderungen zuzulassen.
Stellung nehmen. (Veränderungen engagiert unterstützen –
oder auch aktiv dagegen angehen.)
Mit mir selbst und anderen ins Reine kommen.
Lang gehegte Antipathien "bearbeiten", das Kriegsbeil
begraben, auf "Feinde" zugehen.
Was will ich eigentlich selbst? (Will ich wirklich, was ich tue –
oder tue ich es, weil andere dies von mir erwarten?)
Meinen "Glauben" klären. (Was helfen dabei Philosophie,
Religionen, meine eigene Zugehörigkeit zu einer Religionsge-
meinschaft – oder nicht? Woraus gewinne ich Sicherheit/Gebor-
genheit in diesem Leben und im Sterben – oder brauche ich so
etwas nicht?)

"Die Wolle des geduldigen Schafes ablegen!" – Rechte durchsetzen.

Meine Rechte (z.B. das auf Selbstbestimmung – auch gegenüber wohlmeinenden Ratschlägen).

Auf die Rechte anderer achten, mich ggf. für diese Rechte einsetzen.

Mich engagieren für Dinge, die ich für richtig halte.

(Politik, Verein, Leserbriefe, Bürgerinitiativen.)

Mir meine Ideale nicht "abkaufen" lassen.

"Grau und schlau!" – Selbstbestimmt leben und auftreten!

"Das sollen die anderen erst einmal schaffen, so alt zu werden, wie ich bin!"

"Richtig" ist, was mir gut tut – "falsch", was anderen oder mir schadet.

"Ich kann dies, und deshalb tue ich's."

Beharrlich an dicken Brettern bohren.

Erlaube diesem Moment zu sein wie er gerade ist

Der Geist ist pausenlos in Bewegung, obwohl ein ruhiger Geist etwas ganz Natürliches ist. Wenn wir diese Ruhe erlangen wollen, brauchen wir nur etwas Übung. Diese Art von Übung wird Meditation genannt.

In der Meditation schaut man nach innen, wir versuchen wahrzunehmen, wie es uns gerade im Moment geht.

Wir schauen uns einfach selber an. Welche Gefühle wir haben, wie wir denken, was wir hören und wie sich unser Körper gerade anfühlt.

Der Trick ist, dass wir versuchen, uns möglichst ohne Vorurteile anzuschauen. Ganz neutral. Wir verurteilen wir uns nicht für schlechte Gefühle, und wir halten auch an den schönen Gefühlen nicht fest.

Wir gucken uns einfach selbst zu. Meditieren kann anstrengend sein, weil wir versuchen werden, uns an eine andere Haltung, an eine Haltung ohne Vorurteile, zu gewöhnen.

Wir werden uns ein bisschen konzentrieren müssen und dabei feststellen, dass wir andauernd wieder abgelenkt sind. Das ist nicht schlimm, auch wenn wir dann meistens meinen, schlecht meditiert zu haben. Das ist nicht so!

Es geht nicht darum, während der Meditation ruhig und entspannt zu sein oder es zu werden. Das kann passieren, aber eben nicht immer und nicht sofort. Es geht hauptsächlich darum, zu erkennen, wie wir funktionieren und welche Wahrnehmungen und Gefühle wir überhaupt haben. Zu lernen, diese zu sehen und anzunehmen, ohne zu lange dabei stehenzubleiben.

Alles kommt und geht, alles verändert sich andauernd, und wir werden lernen, mit dem Lauf der Dinge mit zu fließen. So merken wir oft erst hinterher, dass die Innenschau uns gutgetan hat. Wir brauchen uns auch nicht besonders anzustrengen, denn wir werden einfach alles so lassen, wie es gerade ist.

Meditation ist ein Sich-immer-wieder-im-Moment-Sammeln. Es geschieht nichts anderes als ein Sich-Konzentrieren – und wieder abgelenkt sein – und sich wieder sammeln – konzentrieren – abgelenkt sein – sich sammeln – abgelenkt sein – sich sammeln – und immer so weiter ...

Wir fangen einfach mal an.

Wir sitzen angenehm, wenn es geht, mit geradem Rücken. Wir schließen die Augen und spüren tief in unseren Körper hinein, wir fühlen, wo der Körper den Stuhl berührt, und spüren unsere Füße auf dem Boden. Wir lassen das alles so, wie es ist.

Wir fühlen, wie unser Brustkorb sich mit dem Atem hebt und senkt, und wir sagen uns: "Atmen." Wenn wir etwas hören, sagen wir uns: "Hören." Und wenn wir etwas fühlen, dann sagen wir uns: "Fühlen." Wenn wir Spannung fühlen, sagen wir uns: " Spannung."
Wenn wir nichts wahrnehmen, kehren wir einfach wieder zum Atmen zurück. "Atmen, atmen, atmen." Wenn wir in Gedanken abschweifen, denken wir nicht, dass wir schlecht meditieren, sondern wir nehmen einfach wahr, was geschieht: "Das ist Denken. So ist Denken." Wenn wir schläfrig werden, sagen wir: "So ist Schläfrig-Sein."

Das Einzige, was wir tun, ist, dasjenige, was wir erfahren, ganz ohne Vorurteile anzuschauen. Das ist alles. Ganz einfach. Gut oder schlecht, traurig oder freudig. Denken und Fühlen, Hören und Atmen.
Wach und klar sind wir uns dessen bewusst, was gerade ist.
Wir nehmen es wahr und sagen uns: "So ist Spannung." Oder: "Das ist Riechen." So ist Schmerz oder Freude. Ohne zu urteilen, lassen wir die Gedanken und Gefühle einfach an uns vorbeiziehen.
Sie kommen und sie gehen. Und automatisch entspannt unser Geist. Es ist, wie es ist. Wir beurteilen uns nicht und wir verurteilen uns nicht. So wie es ist, ist alles einfach in Ordnung. Wir werden merken, dass unsere Gedanken und Gefühle manchmal verrückt spielen. Das ist normal!

Diese Übung macht man anfangs nur ganz kurz, fünf Minuten am Tag reichen völlig. Dazu suchen wir uns am besten einen besonderen Platz aus. Die Bank im Park in der Mittagspause oder deinen Lieblingssessel.

Wir versuchen, uns diese fünf Minuten zur Gewohnheit zu machen. Wenn es mal nicht klappt, auch nicht schlimm. Dann machen wir einfach morgen oder übermorgen weiter.

Wer nach dieser Zeit der Eingewöhnung, Lust hat, länger zu üben, verlängert die Übungszeit langsam. Und – wer sehr viel Spannung fühlt, kann sich bei dieser Übung gerne auch hinlegen. Wer dagegen eher schnell einschläft, der achte darauf, mit möglichst geradem Rücken zu sitzen.

Eine geleitete Meditations-Sitzung.

Man kann auch zusammen üben, indem immer eine/r aus der Gruppe den Text langsam vorliest. Oder man liest ihn sich vor der Sitzung einmal durch, um sich einzustimmen.

Die Vortragende liest die einzelnen Sätze langsam und achtsam vor, so führt sie die anderen Teilnehmer entspannt durch die Übung. Automatisch wird auch die eigene Ruhe durch diese Art der Leitung gestärkt werden. Die Geschwindigkeit des Vortrages richtet sich nach den Teilnehmern, und du wirst vielleicht manche Sätze oder Passagen auch öfter wiederholen wollen.

Mache immer wieder Pausen im Vortrag. Diese können ruhig auch mal eine Minute lang oder sogar noch länger sein.

Am Anfang der Übung wird die Dauer der gemeinsamen Übung verabredet. Auch wenn man allein meditiert, ist es ratsam, sich ein bestimmtes Zeitfenster zu setzen. Eine geleitete Meditation kann zehn Minuten bis zu einer Stunde dauern. Am besten mit kurzen Sitzungen anfangen.

Die geleitete Meditation:

Setze dich ganz entspannt hin. Wenn möglich, halte deinen Rücken gerade, damit deine Energie ungehindert fließen kann.

Spüre, wie du sitzt. – Fühle, wie dein Körper den Stuhl oder das

Kissen berührt. Nimm deinen Körper wahr. – Versuche nicht, ihn zu verändern. Spüre ihn einfach so, wie er gerade ist.

Spüre deine Füße, sie berühren den Boden.

Du sinkst tief und immer tiefer in deinen Körper hinein.

Du bist jetzt ganz hier – in diesem Moment.

Höre die Geräusche um dich herum – verfolge, wie sie langsam leiser werden, wie sie im Raum kommen und gehen.

Ohne dass du darüber nachdenken musst, bist du einfach nur da.

Erlaube Dir einfach, hier zu sein. Spüre deinen Körper.

Dein Brustkorb hebt sich und senkt sich. Du atmest.

Höre die Geräusche um dich herum. Du hörst.

Wenn Gedanken kommen, lass sie kommen und lass sie wieder gehen.

Wenn Gefühle da sind, lass sie einfach sein, wie sie gerade sind. Schau sie dir an.

Widersetze dich nicht. – Lass den Atem kommen und gehen, wie er gerade will.

Lass alles kommen, und dann lass es wieder gehen.

Du bist ganz hier. Sage dir: "Ich bin hier."

Du beobachtest, wie die Gedanken kommen, wie sie ein wenig bleiben – und dann wieder verschwinden.

Achte ganz ruhig auf das, was jetzt ist.

Wehre dich nicht gegen das, was geschieht.

Lass auch deinen Widerstand einfach da sein. Schau ihn dir an.

Wenn du dich wehrst, wenn du denkst, dieser Moment sollte anders sein, als er ist, dann stehst du auf Kriegsfuß mit diesem Moment.

Versuche, nichts zu beeinflussen. Schaue nur ruhig zu.

Wie sehr du auch versuchst, deine Welt zu beeinflussen, wie sehr du diesen Moment auch verändern möchtest, er verändert sich nicht. – Es ist, wie es gerade ist.

Sage dir: "Ich bin jetzt hier." – Alles ist in Ordnung.

Kannst du alles so lassen, wie es ist?

Kannst du einfach zusammen mit dem, was ist, hier sitzen und in diesem Moment ruhen?

Lass genau in dieser Sekunde einfach los und ruhe dich aus in dem, was hier und jetzt ist.

Mach dir keine Sorgen darüber, ob du richtig oder falsch meditierst. Sei einfach hier.

Es gibt kein richtig oder falsch.

Bemerke diesen Moment. Höre und spüre. Fühle, dass du wirklich anwesend bist.

Lass deine Gedanken einfach kommen und gehen. Du bist hier. Es ist jetzt in diesem Moment, und du bist einfach da.

Bist du immer noch da? Wenn nicht, komme einfach zurück. Bleibe dabei, komm zurück, und alles ist wieder friedlich.

Komm zurück, und du wirst sehen, dass du eigentlich nie weg gewesen bist.

In diesem Moment denkst du und du spürst deinen Körper. Dieser eine Moment ist ewig. Du hast so viel Zeit.

Hier in diesem Moment. So einfach und so leicht.

Lass alle deine Gedanken und Konzepte einfach los. Befreie sie jetzt. Du bist der Beobachter. Es gibt nichts anderes zu tun, als einfach nur zu schauen.

Und alles führt dich automatisch zurück in diesen Moment.

Dieser Moment geht dir nie verloren.

Überlasse dich einfach dem, was gerade hier und jetzt passiert.

Lasse für einen Moment alles los, deine Wünsche, deine Nöte und deine Kontrolle.

Wenn Gefühle kommen, dann lass die Gefühle einfach sein, wie sie sind.

Wenn Schmerzen kommen, schau sie dir an. Urteile nicht und wehre dich nicht.

Wenn du alles so lässt, wie es ist, dann wirst du merken, dass Schmerzen köstlich sind und dass die Gefühle köstlich sind. Du lebst. Du spürst und das ist wunderbar.

In diesem Moment bist du ganz du selbst. Du und nur du allein bist jetzt hier zusammen mit uns.

Du selbst bist die Anwesenheit und die Bewusstheit.

Du allein lässt das alte Bild los, das du von dir hast.

Du allein ruhst in diesem Moment.

In diesem Moment bist du einfach so, wie du bist. Du brauchst nur zuzuschauen.

Bist du noch da? Bist du noch aufmerksam?

Atme hier und jetzt. Sei hier. Probiere nicht, gut zu meditieren, probiere nicht, Frieden zu empfinden.

Schau zu, wie du atmest, wie du denkst, wie du hörst und wie du fühlst. Lass den Atem so, wie er ist.

Lass die Gedanken so, wie sie gerade sind.

Sei anwesend. Die Person, die kontrollieren will, ist heute nicht da. Alles geschieht von selbst.

Die Gedanken kommen und gehen von alleine, die Gefühle kommen und gehen.

Du bist im Da-Sein. Mühelos und ohne, dass du es kontrollieren musst.

Du kannst immer und immer wieder in diesen wunderbaren Moment eintauchen. Du kannst unaufhörlich tief in diesem Moment ruhen und im süßen Nektar der Stille ganz verschwinden.

Farbe zeigen

Der gezielte Einsatz von Farben in unserer Umgebung kann uns sprichwörtlich helfen, etwas mehr Farbe in unser Leben zu bringen. Gelbe und orange Vorhänge, rote Kissen oder ein himmelblauer Schal, türkise Bettwäsche und ein blumiger Sesselbezug bringen Licht und Sonne ins Haus.

Farben haben ihre eigene Sprache, und sie teilen uns viel mit. Neulich traf ich einen älteren Herrn, dessen orange Schnürsenkel wunderbar zu seiner knall-orangen Armbanduhr passten. Es scheint, als wolle er uns damit sagen, dass er lebenslustig ist und Spaß am Spielen hat. Und er gibt uns gleichzeitig ein Mittel in die Hand, ihn anzusprechen. "Tolle Uhr!"

Alle gesunden Kinder mögen Farben. Wenn ein Kind auf die Frage nach seiner Lieblingsfarbe mit "Grau" antwortet, ist das ein Grund, sich ernsthaft Sorgen zu machen. In unserer nördlichen Hemisphäre leben wir, vor allem im Winter, hauptsächlich mit Grau- und Brauntönen. Auch darum leiden viele Menschen im Winter verstärkt unter Depressionen, weil nicht nur das Licht, sondern auch die Farben einen starken Einfluss auf unsere Stimmung haben. – Farben sind einfach gesund, denn sie wirken auf der psychischen Ebene. Es sind subtile Mitteilungen, und sie haben einen starken Einfluss auf unser Wohlbefinden.

Bei depressiven Störungen, die vor allem im Winter auftreten, kann auch eine Farblichttherapie eine große Hilfe sein. Prof. Niels Finsen bekam im Jahr 1903 als Begründer der rationalen Lichttherapie, in der er farbiges Licht verwendet, für seine Untersuchungen sogar den Nobelpreis für Medizin.

Farben sind selbstständige Kräfte, sie lösen beim Betrachter Assoziationen und Gefühle aus, und die verschiedenen Farbschwingungen veranlassen den menschlichen Körper zu deutlich messbaren Reaktionen. Die seelischen Wirkungen der Farbwahrnehmung werden, intuitiv oder bewusst, bei der künstlerischen Gestaltung sowie in der Mode, in der Werbebranche und bei der Wohnungseinrichtung eingesetzt.

Begründet sind diese Reaktionen auf verinnerlichten Erfahrungen, die nicht unbedingt nur persönlicher Art sein müssen, sondern auch durch unseren Kulturkreis sowie durch Tradition und Erziehung geprägt sind.

Zum Beispiel ist Schwarz in den westlichen Ländern eine Farbe der Trauer, während Weiß Reinheit, Unschuld und Licht symbolisiert. In einigen asiatischen Ländern hingegen steht die weiße Farbe für Trauer.

Mit schwarzer Kleidung drücken wir Trauer aus, aber auch Würde und Ansehen oder Unergründlichkeit, Geheimnisumwittertes oder gar Furchterregendes.

Grau ist eine Farbe vollkommener Neutralität, von Vorsicht, Zurückhaltung und Kompromissbereitschaft. Aber Grau ist auch die Farbe eines trüben Tages, die mit Langeweile, Eintönigkeit, Unsicherheit und Lebensangst in Verbindung gebracht wird.

Farbempfindungen wirken genauso wie andere Eindrücke auf die Psyche ein. So schaffen warme Farben wie Rot und Gelb Wärme und Nähe, kalte Farben wie Blau und Türkis dagegen wirken beruhigend, aber auch distanziert.

Obwohl die Wirkung von unserem Kulturkreis bestimmt wird, gibt es Übereinstimmungen, die überall die gleichen Assoziationen hervorrufen. Die Sonne hat ein Farbspektrum von Gelb nach Rot, und sie ist überall warm. Wie auch das orange Feuer auf der ganzen Erde für Wärme steht, und der Himmel immer und überall blau und als sehr weit entfernt erfahren wird.

Malen mit Farben

Ein ganzes Blatt in nur einer Farbe zu bemalen, sieht erst einmal nach nichts Besonderem aus, ein Versuch lohnt sich aber trotzdem. Man lernt viel über die Wirkung einer speziellen Farbe, wenn man sich malerisch mit ihr auseinandersetzt.

Nimm einen Aquarellblock und ein paar Tuben Aquarell- oder Temperafarbe und einen dicken spitzen Pinsel. Ein flacher Pinsel geht auch, davon gibt es im Drogeriemarkt Packungen mit mehreren Größen. Feuchte das ganze obere Blatt des Blocks mit einem Schwamm oder Tuch leicht an und fange mit deiner Lieblingsfarbe an. Wenn sich Muster oder Figuren ergeben, lass dich von ihnen leiten, die Farbe fließt von selbst ineinander.

Beim nächsten Blatt kannst du es mit den einfachen Farbkombinationen versuchen, wie ich sie unten zusammengestellt habe. Male nebeneinander große Felder mit den einzelnen Farben, und schau zu, wie sich neue Farbkombinationen ergeben. Danach probierst du es vielleicht mal mit eigenen Farbkombinationen. Wenn du später die bemalten Blätter in kleinere Stücke schneidest, kannst du sie als Postkarten oder auch als Namensschilder für das nächsten Geburtstags-Kränzchen verwenden.

Die Wirkung der Farben

Rot
Belebend, stimulierend, aktivierend und aufregend. Energie, Leidenschaft, Aktion, Erfolg. Blut, Feuer, Liebe. Gute Laune. Gesundheit.
Steigert Nervosität oder Reizbarkeit. Einsetzen bei Schwäche, Lethargie, Müdigkeit, mangelnder Durchsetzungsfähigkeit, wenig Selbstbewusstsein, Minderwertigkeitsgefühlen.

Blau
Harmonisierend, entspannend. Frieden, innere Stille, Rationalität, Kommunikation, Sachlichkeit, Präzision, Wahrheit, Sicherheit.
Einsetzen bei Schlafproblemen, Erregbarkeit, Nervosität, Unruhezuständen und bei Schwierigkeiten, sich auszudrücken. Nicht bei körperlicher und geistiger Erschöpfung, Depression oder Melancholie.

Grün
Beruhigend, erholsam, regenerierend, vitalisierend, erfrischend. Gesundheit, Hoffnung, Ausgeglichenheit, Wachstum. Gleichgewicht von Körper und Seele, Urteilsvermögen, Harmonie, Konzentration.
Einsetzen bei Ängsten, Spannungen, Mutlosigkeit, schlechter Laune, Kaufsucht, Geiz, Unlustgefühlen, Niedergeschlagenheit.

Orange

Aufbauend, leistungssteigernd, anregend. Freude, Leichtigkeit, Loslassen, Genuss, Vertrauen, Standhaftigkeit, Spaß an der Arbeit, Wärme, Geselligkeit, Mut, Vertrauen.
Macht Appetit. Nicht bei Schlaflosigkeit im Schlafzimmer verwenden, in Maßen bei Stress.

Gelb

Aufmunternd, nervenstärkend, optimistisch. Innerer Abstand, Lerneifer, Konzentration.
Stärkt die Mitte. Sonne, regt den Geist an, stärkt die Nerven, hilft bei trüber Stimmung.

Violett

Ausgleichend, regenerierend. Frieden, Würde, Mitgefühl, Meditation, Bewusstsein, Inspiration, inneres Gleichgewicht.
Vertrauen, Kontrolle aufgeben, zügelt den Appetit. Konzentration.

Türkis

Geselligkeit, Anmut, Freundschaft, Kommunikation, Erfindungskraft, Selbstbewusstsein, Humor, Charme.
Einsetzen bei Schüchternheit, Gehemmtsein. Grenzen setzen.
Verstärkt Selbstbezogenheit. Kühle und Distanziertheit wie beim Himmelblau.

Indigo

Intuition, Wissen.
Einsetzen bei Stress, Nervosität, nicht loslassen können, geistig-seelischen Erschöpfungszuständen, Schlafstörungen.

Rosa

Ruhe, erfrischend, Sanftheit, Urteilsvermögen, Empfänglichkeit.
Aufblühen, sich zuwenden, Grenzen aufheben. Baut Aggressionen ab.

Die Wirkung von Farbkombinationen

Da Farben selten allein auftreten, sondern meist in Kombinationen aus mehreren Farben, rufen sie Stimmungen hervor, die auch davon abhängen, in welchem Umfeld eine Farbe gesehen wird. Die folgenden Beispiele stammen aus dem Internet und stellen das Ergebnis einer Befragung da, bei der die Befragten aufgefordert wurden, einer Reihe von vorgegebenen Begriffen bestimmte Farben zuzuordnen. Wer diese Untersuchung durchgeführt hat, ist leider nicht mehr nachzuvollziehen, da diese Liste im Internet fleißig kopiert worden ist. Als Anregung zum Nachdenken eignet sie sich allemal, und es bringt sicher Spaß, sich weitere Farbkombinationen auszudenken.

Aktivität: Rot – Orange – Gelb	*Leistung:* Blau – Gold – Rot
Attraktivität: Rot – Blau – Weiß	*Männlichkeit:* Blau – Schwarz – Braun
Dynamik: Rot – Blau – Orange	*Modernes:* Weiß – Schwarz – Rot
Ehrlichkeit: Weiß – Blau – Grün	*Neues:* Weiß – Gelb – Blau
Energie: Rot – Orange – Gelb	*Originalität:* Violett – Orange – Silber
Funktionalität: Weiß – Grau – Schwarz	*Sachlichkeit:* Weiß – Grau – Blau
Gutes: Weiß – Blau – Gold	*Schnelligkeit:* Silber – Rot – Gelb
Hoffnung: Grün – Blau – Weiß	*Sicherheit:* Grün – Weiß – Blau
Idealismus: Weiß – Blau – Gold	*Wahrhaftigkeit:* Weiß – Blau – Gold
Klugheit: Weiß – Blau – Silber	
Sympathie: Blau – Rot – Grün	
Vertrauen: Blau – Grün – Weiß	
Zuverlässigkeit: Blau – Grün – Braun	

Sich im Internet schlau machen

Computerkurse werden mittlerweile von den meisten Volkshochschulen angeboten. Außerdem gibt es zahlreiche kirchliche, soziale und gemeinnützige Einrichtungen, die Computerkurse für Senioren anbieten.

Informationen sind mit dem Computer schnell zu finden, wenn man weiß, wie und wo man suchen muss: Auf dem Computerbildschirm mit dem Mauszeiger auf das Symbol für den Internetzugang* doppelklicken, dann den folgenden Text in den oberen leeren Balken eintippen: www.vile-netzwerk.de

Dann rechts neben dem Balken auf das Symbol oder auf die Eingabetaste** klicken, und schon erscheint diese Seite:

ViLE – das Netzwerk der älteren Generation***

Dort findet man folgende Informationen:

Der Verein "Virtuelles und reales Lern- und Kompetenz-Netzwerk älterer Erwachsener" – ViLE e.V. – wurde im Dezember 2002 von Seniorinnen, Senioren, Mitarbeiterinnen und Mitarbeitern von Weiterbildungsinstitutionen aus ganz Deutschland gegründet.

ViLE-Mitglieder finden sich in Regionalgruppen, die eine reales Kennenlernen erleichtern, zusammen. Das fördert neben dem Gewinn aus persönlichen Begegnungen die thematische Arbeit, die zu neuen Projekten führen kann. Gegenseitige Unterstützung im PC- und Internetalltag wird möglich.

ViLE soll an Weiterbildung interessierten Seniorinnen und Senioren ermöglichen, gemeinsam auf den verschiedensten Interessensgebieten zusammenzuarbeiten, sich gegenseitig zu unterstützen und ihre Kompetenzen anderen zur Verfügung zu stellen. Die neuen Techniken sollen genutzt werden, um an den gesellschaftlichen Entwicklungen teilzuhaben, aber auch, um sie kritisch zu begleiten.

Uns geht es nicht nur um technische Beherrschung des Internets, sondern auch um anspruchsvolle Inhalte. Wir möchten Gleichgesinnte aus ganz Deutschland finden, reale und virtuelle Kontakte schaffen, um gemeinsam Horizonte zu erweitern.

Hier können Sie Gleichgesinnte aus der eigenen Region finden, über sie lesen und Kontakt aufnehmen und sich über Themen wie die Rente, Versicherungen, Ernährung und Gesundheit, Barrierefreies Wohnen, Wohnprojekte, Ehrenamt und Bildungsangebote informieren.

Ziele des Vereins:
Durch virtuelle Treffen und Zusammenarbeit ein bundesweites Netzwerk für weiterbildungsinteressierte ältere Erwachsene schaffen (ViLE-Netzwerk).
Durch regionale und lokale Gruppen die direkte Kommunikation und Zusammenarbeit der Mitglieder fördern.
Durch Entwicklung virtueller und realer Lernangebote neue Formen des selbstgesteuerten Lernens und der wissenschaftlichen Weiterbildung erproben (ViLE-Projekte).
Durch diese Aktivitäten zum Erfahrungsaustausch der Generationen und zum gesellschaftlichen Engagement aller beitragen.

Der Verein ViLE möchte zur Weiterführung und Sicherung der in diesem Projekt erfolgreich erprobten neuen Lern- und Kooperationsformen interessierter Menschen aller Altersgruppen beitragen.

Was wir wollen:
Wir tauschen unser Wissen und unsere Erfahrungen aus und geben sie an Interessierte jeden Alters weiter.
Unabhängig von Alter und Wohnort arbeiten wir zusammen an kulturellen, sozialen und politischen Fragestellungen, die uns beschäftigen.
Wir nutzen hierzu die interaktiven Möglichkeiten des Internets, treffen uns aber auch in lokalen und regionalen Gruppen.
Wir bauen unser Wissen im Bereich der Nutzung der neuen Medien aus und machen unsere Erfahrungen auch gerne anderen zugänglich.
Wir möchten mit Interessierten jeden Alters und schon bestehenden Lerngruppen zusammenarbeiten.
Wir suchen Kontakte zu Weiterbildungsinstitutionen, die mit uns diese neue Form des Lernens und der Zusammenarbeit erproben.

Ins Internet gelangt man über einen sogenannten Browser, heutzutage meist Mozilla Firefox, Opera, Chrome oder Internet Explorer. Den Browser öffnet man durch einen Doppelklick mit der Maus auf das "Browser-Symbol". Dann kann man die Adressen verschiedener Internetseiten, auch Website oder Homepage genannt, eingeben. Die Internet-Adresse für eine Zeitung sieht zum Beispiel ungefähr so aus: www.namederzeitung.de

**Wo die Eingabetaste ist, findet man hier: https://de.wikipedia.org/wiki/Eingabetaste*

***Quelle: www.vile-netzwerk.de*

Abenteuer Alt – Geschichten aus dem Internet

Senioren besetzen Haus in Berlin*

"Wir bleiben so lange, bis der Bagger kommt", erklärt Doris Syrbe (72) und schaut auf das Haus, aus dem die Stadtbezirksverwaltung Berlin-Pankow sie und die anderen Senioren und Seniorinnen vertreiben will. Gemeinsam mit den anderen kämpft Doris Syrbe für den Erhalt ihrer Begegnungsstätte und hat eine öffentliche Petition gestartet.

"Unser Ziel ist es, bis zur Bezirksversammlung Ende August 10.000 Unterschriften zu sammeln. Wenn wir den Politikern zeigen, dass wir die Unterstützung der Öffentlichkeit haben, können sie unsere Lösungsvorschläge nicht einfach ignorieren!"

Offiziell sollte die Seniorenbegegnungsstätte am 30. Juni 2012 geschlossen werden. Doch diesen Plan durchkreuzten die mutigen SeniorInnen und beschlossen kurzerhand, das Haus in der Stillen Straße zu besetzen.

"Wir schlafen jede Nacht hier und beschützen unser Haus, damit nicht heimlich jemand die Schlösser austauschen kann", so Syrbe. Dabei koste die Begegnungsstätte die Stadt Berlin jährlich nur 50.000 Euro. "Wenn man bedenkt, was zur Bankenrettung ausgegeben wurde, ist das doch kaum erwähnenswert."

Trotz massiven Drucks aus der Öffentlichkeit haben sich die verantwortlichen Politiker, wie z.B. Bezirksbürgermeister Matthias Köhne, bisher nicht geäußert, sondern "stecken den Kopf in den Sand". "Mit der Petition wollen wir die Verantwortlichen benennen. Wo ein Wille ist, ist auch ein Weg. Die Lösungen liegen auf dem Tisch – jetzt müssen die Zuständigen nur noch handeln."

Zur nächsten Bezirksversammlung im August wollen die Senioren ihre Petition öffentlich übergeben. Helfen Sie Frau Syrbe und den anderen bei ihrem mutigen Kampf und unterzeichnen Sie jetzt die Petition.

"Mein Name ist Doris Syrbe. Ich bin eine der Seniorinnen und Clubvorsitzende der Seniorenbegegnungsstätte Stille Straße 10 in Pankow. Gemeinsam mit vielen engagierten Seniorinnen und

Senioren kämpfe ich für den Erhalt unserer Senioreneinrichtung. Die Bezirksverordnetenversammlung Pankow hat im März 2012 beschlossen, dass unsere Seniorenbegegnungsstätte Stille Straße in Pankow am 30. Juni 2012 geschlossen wird.

Das wollen wir nicht zulassen! Deswegen besetzen wir unser Haus seit dem 30. Juni 2012. Am 17. Juli wurde unser Telefon vom Bezirksamt Pankow abgestellt – aber wir wollen so lange hier bleiben, bis die Begegnungsstätte erhalten bleibt oder bis der Bagger kommt!

Unsere 29 Senioren-Gruppen sollen anderweitig untergebracht werden. So steht es im Haushaltsbeschluss der Bezirksverordnetenversammlung von Pankow. Seit Monaten wurde nach alternativen Räumen für die Angebote gesucht, jedoch keine passende Lösung für alle gefunden.

Um gegen die Schließung zu protestieren, haben wir eine Online-Unterschriftenliste gestartet. Wir wollen den Politikern zeigen, dass wir die Sparmaßnahmen nicht einfach still und leise hinnehmen. Wir lassen uns nicht einsparen und nicht zwangsweise verteilen!

Unseren Klub gibt es seit mehr als 15 Jahren. Skat- und Schachrunden, Malzirkel, Singgruppe, Gymnastik- und Wandergruppen, Englisch- und Französischunterricht werden angeboten. Organisiert wird das Ganze überwiegend ehrenamtlich – der Bezirk finanziert für rund 55.000 Euro jährlich die Betriebskosten und die Personalkosten für eine hauptamtliche Leiterin. Das Haus selbst ist im Eigentum des Landes Berlin.

Auf eine Entscheidung über die Zukunft der Begegnungsstätte müssen wir derweil wohl noch einige Zeit warten. Die nächste Sitzung der Bezirksverordnetenversammlung ist erst für Ende August geplant. Bis dahin ist es unser Ziel, mindestens 10.000 Unterschriften zu sammeln. Diese werden wir dann öffentlich in der BVV-Versammlung übergeben.

Pankower, Berliner, alle: Bitte helfen Sie uns! Die Seniorenbegegnungsstätte Stille Straße 10 sendet einen lauten Ruf in die Öffentlichkeit!

Wir bedanken uns bei allen, die mit uns solidarisch waren und sind; so wie wir solidarisch sind mit denen, deren soziale und kulturelle Einrichtungen von Schließung und Etatkürzungen bedroht sind und sein werden."

Doris Syrbe und die Mitglieder und Freunde der Seniorenbegegnungsstätte.

Quelle: www.change.org/de/Petitionen/senioreneinrichtung-in-der-stillestraße-muss-bleiben

+++ Solidaritätserklärung der Pankower Kultur- und Bildungseinrichtungen (Ereignisse)*

Seniorenfreizeitstätte Stille Straße in Pankow - Dieses Haus ist besetzt

Die Seniorenfreizeitstätte Stille Straße in Pankow soll am 30. Juni 2012 geschlossen werden. Die 29 Senioren-AGs sollen anderweitig untergebracht werden. So steht es im Haushaltsbeschluss der Bezirksverordnetenversammlung von Pankow. Seit Monaten wurde nach alternativen Standorten gesucht, jedoch keine passende Lösung einer Freizeitstätte für die Senioren und Seniorinnen gefunden. Am 29. Juni 2012 besetzen die Betroffenen das Gebäude.

Die Besetzerinnen und Besetzer der Seniorenbegegnungsstätte Stille Straße 10

Aufruf zum Miteinander

Mit der Besetzung unserer Begegnungsstätte vor über einem Monat ging es uns sehr schnell nicht nur mehr um deren Erhalt. Vielmehr wollten wir ein Zeichen setzen. Seit vielen Jahren müssen wir erleben, wie soziale, kulturelle, Bildungs- und Freizeiteinrichtungen für Jung und Alt geschlossen oder stark eingeschränkt werden, in Pankow, in den anderen Berliner Bezirken und darüber hinaus, weil sie nicht mehr finanzierbar seien.

Wir sind zwischen 67 und 96 Jahre alt. Wir, die Älteren, haben dieses Land nach dem Krieg mit aufgebaut, mit unserer Arbeit, und haben auf vieles verzichtet. Wir haben keine Angst mehr um unsere Zukunft. Aber wir haben Angst um die Zukunft unserer

Kinder, unserer Enkel und unserer Urenkel. Wir wollen ihnen kein Land hinterlassen, in dem eine Musikstunde für Kinder, ein Besuch in der Bibliothek oder eine Gymnastikstunde für Ältere zu Produkten geraten, alles nur noch in Geld bewertet wird und der Mensch, der noch nicht oder nicht mehr leisten kann, zum Kostenfaktor verkommt.

Wir wollen ihnen kein Land hinterlassen, in dem sich der Staat seiner Pflicht um die soziale und kulturelle Infrastruktur entzieht, sie zur freiwilligen Aufgabe macht oder sie privatisiert und so dem Profit preisgibt.

Wir wollen ihnen kein Land hinterlassen, in dem es milliardenschwere Rettungsschirme für marode Banken und fehlkalkulierte Großprojekte gibt, nicht aber für die Menschen mit ihren sozialen und kulturellen Bedürfnissen.

Wir fühlen uns verantwortlich, unseren Kindern und Enkeln den Boden zu bereiten, auf dem sie kultiviertes Land vorfinden, auf dem die Spuren des Vergangenen nicht verwischt sind und Raum genug bleibt, ihr neues Leben selbstbestimmt gestalten zu können. Dafür geben wir unsere Fürsorge und teilen gern unsere Erfahrungen.

Lassen Sie uns dies gemeinsam tun, über Alter, Herkunft oder politische Orientierung hinweg. Wir möchten Sie kennenlernen und mit Ihnen reden.

Quelle: www.pankowsolidaritaet.wordpress.com

+++ Wir bleiben alle! – Mittendrin statt außen vor.*

Gemeinsam gegen Sozialabbau, Verdrängung und den Ausverkauf der Stadt! – Für selbstbestimmte, selbstverwaltete, solidarische und unkommerzielle Räume!

Berlin ist kalt geworden. An die Stelle sozialer und kultureller Freiräume ist die Verwertung der Stadt getreten. Fehlkalkulierte Groß- und Prestigeprojekte, Bebauungskampagnen für Mauerpark und Tempelhofer Feld, die Entscheidung für milliardenschwere Bankenrettungsschirme, Räumung von Hausprojekten mit Polizeigroßaufgeboten und Party-Bürgermeister mit grünen

Schnappikrokodilen im Gesicht, für all dies scheint genug Platz in der "kreativen" Metropole. Doch an die Stelle dessen, was früher anerkanntes Grundbedürfnis war, tritt heute das "Produkt", und was sich nicht rechnet oder ausreichend zahlt, fliegt aus der "Kosten-Leistungs-Rechnung" des Berliner Senats, dem Erfüllungsgehilfen neoliberaler Politik.

Fundamental in Frage gestellt sind Freiräume für Kinder, Jugendliche, SeniorInnen, für die "einfache" MieterIn oder schlichtweg den unkommerziellen Alltag. Sie werden in einem Maße wegrationalisiert und verdrängt, welches den sozialen Zusammenhalt und den solidarischen Ausgleich gefährdet.

Gleichzeitig wird der ökonomische Druck auf jedeN Einzelnen erhöht, die Wohnungskosten steigen, die Löhne stagnieren und prekäre Niedriglohn-Verhältnisse werden zur Normalität am Arbeitsmarkt. Die Konsequenz: kein Platz, sich gemeinsam solidarisch zu organisieren, aber jede Menge "individueller" Probleme am Hals.

Die politisch Verantwortlichen erklären hierbei tagtäglich ihren Bankrott und die eigene Unfähigkeit. Einzige Antworten und tagtägliches Mantra auf Fragen wie sozialer Wohnungsbau oder die Schließung von Stadtteilbibliotheken, kulturellen Einrichtungen und SeniorInnen-Begegnungsstätten: "Wir haben doch kein Geld! Es tut uns Leid. Wir können da doch auch nichts machen. Der Markt wird es richten. Macht doch mal ein Projekt! Und: Schreibt doch mal ein Konzept!"

Dem schließt sich der schwindelerregende Übergang zu verwalterischen und bürokratischen Akten an, der letzten Trutzburg staatlich abgesicherten Handelns: hier eine Razzia im modernen "Tante-Emma-Laden", dem Spätkauf, dort die Bearbeitung der Lärmbeschwerde zur Beschleunigung des Clubsterbens und, ganz alltäglich, mal wieder die Zwangsräumung einer Hartz IV-Empfängerin oder sogar ganzer Familien.

Nebenbei wird das Tafelsilber der Stadt preisgegeben, weil das kurzfristig Geld bringt oder die Interessen der eigenen Klientel bedient. Für die Meistbietenden versteht sich, auch wenn es am Ende heißt, einen Wagenplatz auf die Straße treiben zu "müssen". Für das soziale Restansehen der Verständnisvollen unter den Dorfschulzen wird zu Baumbepflanzungen bzw. kollektivem Unkraut entfernen aufgerufen oder "'nen bisschen Kunst" vor den Karren gespannt. Die Bäume lässt man sich schenken, die Kunst vom Automobilhersteller sponsern, einzige produktive Tätigkeit hierbei: "Bändchen durchschneiden und Fahnen hochziehen".

Es gilt andere Zeichen zu setzen! Da die Stadt immer tieferen sozialen Einschnitten zum Opfer fällt, und die Interessen von Kindern, Jugendlichen, SeniorInnen, MieterInnen, MigrantInnen, Gering-Verdienenden, Obdach- und Arbeitslosen und prekär lebenden KünstlerInnen keine Berücksichtigung finden, gilt es eine eigene Lobby zu bilden. Unsere Konsequenz aus der aktuell vorherrschenden Politik ist, das Engagement in der Stadtteilinitiative, die solidarische Selbsthilfe und Gegenöffentlichkeit, kreative Aktionen und die Bildung eigener politischer Netzwerke und Ratschläge von unten und jenseits parlamentarischer Organisation zu schaffen.

Gemeinsam entwickeln wir Strategien gegen diese Politik! Beispiele dafür sind die Platzbesetzung am Kottbusser Tor und der Brache in der Cuvry-Straße, die Besetzung der SeniorInnen-Begegnungsstätte in der Stillen Straße 10, der Flüchtlingsstreik am Heinrichplatz, die Kampagne gegen Zwangsumzüge oder die kontinuierliche Stadtteilarbeit in den Initiativen. Wir sind in der Lage, neue Solidaritäten jenseits des normalen Politikbetriebs zu erschaffen. Demonstrationen sehen wir als Mittel, uns miteinander bekannt zu machen, uns kennenzulernen, uns untereinander Gehör zu verschaffen und zu zeigen, wie vielfältig unser Engagement ist.

Wir demonstrieren am Samstag den 22. September mit einer Krachdemo durch Mitte und Prenzlauer Berg! Los geht's 16:00 am U-Bhf. Eberswalder. All die Engagierten wollen wir aufrufen, mit uns zu demonstrieren, und rufen euch entgegen: WERDET SICHTBAR! Es ist unsere Demo! Kommt mit uns auf die Straße und fordert mit uns eine andere mögliche Stadt. Packt Krachwerkzeuge, eure Parolen, Schilder ein und setzt mit uns ein lautes und unmißverständliches Zeichen.

Am Sonntag, den 23. September, findet dann ab 13 Uhr die Demo gegen die Gentrifizierung des Tempelhofer Felds statt. Treffpunkt:

Eingang Oderstraße. Wir demonstrieren erneut für den Erhalt dieses grandiosen Freiraums und gegen die Zerstörung durch Designer-Park und Bebauung .
Wir bleiben alle & Co.
*Quelle: www.wirbleibenalle.org

Weitere Artikel von Internetseiten, die sich mit Wissenswertem aus dem Seniorenleben beschäftigen:

+++ Das Büro gegen Altersdiskriminierung und andere Sachen*

Beim Büro gegen Altersdiskriminierung kann man sich online über alles, was das Alter, angeht informieren, Fragen stellen, Diskriminierungen melden und selbst auch Meldungen veröffentlichen. Themen sind Arbeit, Ehrenamt, Finanzen, Gesundheit, Image, Internationales, Justiz, Pflege, Rente und Versicherungen. – Hier findet sich folgende Texte und vieles mehr:

Die Menschen sind nicht gleich, aber sie haben das Recht auf gleiche Behandlung – unabhängig vom Lebensalter. Altersdiskriminierung ist ein generationenübergreifendes Problem. 30-Jährige sind davon genauso betroffen wie 90-Jährige. Benutzen Sie diese Webseite als Klagemauer. Altersdiskriminierung muss öffentlich werden. Sie darf nicht verborgen bleiben.
www.altersdiskriminierung.de ist eine privat betriebene Informationsplattform. Sie enthält das umfangreichste deutschsprachige Archiv zum Thema Altersdiskriminierung.
Es basiert auf den Erfahrungen und Erkenntnissen, die seit 1999 im Büro gegen Altersdiskriminierung e.V. gesammelt wurden. Besonders wichtig und lehrreich waren dafür die Projekte, die selbstbestimmt von uns geplant, realisiert und durchgeführt wurden: Beschwerdetag, Kinder fragen Senioren, Riga und die Goldene Falte.
Die gesteckten Ziele des Vereins haben sich durch das AGG – Allgemeines Gleichbehandlungsgesetz – erledigt. Deshalb spielt die vereinsrechtliche Form keine wichtige Rolle mehr. Die Mitglie-

derversammlung hat deshalb beschlossen, den Verein aufzulösen und als unabhängige Initiative weiterzuarbeiten. Denn leider ist das Thema Altersdiskriminierung und die daran geknüpften Forderungen aber immer noch nicht vom Tisch.

Diese Forderungen gilt es durchzusetzen:

– Solidarität zwischen den Generationen.

– Gleichberechtigte Teilhabe aller Altersgruppen am politischen, ökonomischen, sozialen und kulturellen Leben.

– Erweiterung von Artikel 3 Grundgesetz um den Begriff "Lebensalter".

– Verbot von Altersdiskriminierung beim Zugang zu Waren und Dienstleistungen.

– Verbot struktureller, systembedingter Diskriminierungen, z.B. bei der Gesundheitsversorgung, bei staatlichen und privaten Alterssicherungssystemen, in der Pflege, im öffentlichen Raum, im ÖPNV.

– Flexibles Renteneintrittsalter statt Zwangspensionierung.

– Förderung positiver Altersbilder und neuer Altersrollen.

– Keine Verpflichtung älterer Menschen zur ehrenamtlichen Arbeit.

Weitere Informationen des Büros gegen Altersdiskriminierung:

Die Menschenrechte älterer Menschen

Die UN will die Menschenrechte Älterer stärken. Deshalb fand die dritte Sitzung der "UN Open-ended Working Group on Ageing" vom 21.–24. August 2012 statt. Die Bundesrepublik Deutschland hat in diesen Verhandlungen bislang keine aktive Rolle übernommen.

Und das, obwohl hierzulande derzeit ca. 20 Prozent der Bevölkerung über 65-Jährige sind. Viele von den über 16 Mio. über 65-Jährigen leben in gefährdeten Lebenslagen und sind auch vielfach von Diskriminierung betroffen.

Ob bei der Arbeitssuche, beim Abschluss einer Versicherung, im Pflegefall oder beim Arztbesuch: Jeder fünfte Mensch in Deutschland hat laut einer repräsentativen Umfrage der Antidiskriminierungsstelle des Bundes bereits Situationen erlebt, in denen er wegen seines Alters benachteiligt wurde.

Die Prognosen zum Thema Altersarmut speziell für Frauen sind alarmierend. Global gesehen werden die Menschenrechte Älterer vor allem hinsichtlich der Rechte auf Nahrung, Wasser, Wohnen, Eigentum und Gesundheitsversorgung bedroht oder verletzt. So wird Witwen in einigen Ländern beispielsweise das Recht auf Eigentum gänzlich verweigert.

Vor dem Hintergrund dieser Entwicklungen diskutieren Staaten, Nichtregierungsorganisationen, Experten und nationale Menschenrechtsinstitutionen in der "UN Open-ended Working Group on Ageing" über Möglichkeiten, die Menschenrechte Älterer zu stärken.

Weiterführende Informationen finden Sie unter: www.institut-fuer-menschenrechte.de / Quelle: Institut für Menschenrechte, PM 3.7.2012

Quelle: www.altersdiskriminierung.de

+++ Emails von Mitgliedern des Büros gegen Altersdiskriminierung an die Redaktion – eine Auswahl

Kindererziehungszeiten: Ältere Frauen benachteiligt

"Hier muss ich mal für meine Frau sprechen, die jetzt 58 Jahre alt ist und drei Kinder großgezogen hat. Alle drei wurden vor 1992 geboren, was also bedeutet, dass für jedes Kind nur ein Jahr zur Rente angerechnet wird. Meine Frau hatte in der Zeit keine Chance, arbeiten zu gehen, da drei Kinder wirklich die ganze Frau forderten. Also hatten wir, wie so viele zu dieser Zeit, die klassische Vater-Arbeit/Mutter-Erzieherin-Konstellation.

Mit großem Erstaunen habe ich bei meinen Recherchen im Internet folgendes gefunden. Vorab muss ich sagen, dass mich der Artikel NOCH grantiger auf unsere Politiker werden lässt.

Was ist, wenn ich während der Kindererziehung arbeite?

Wer während der Kindererziehung arbeitet, profitiert trotzdem von den Kindererziehungszeiten. Neben den Beiträgen aus dem Arbeitslohn wird zusätzlich die Kindererziehungszeit für die spä-

tere Rente gutgeschrieben, höchstens jedoch bis zur Beitragsbe-
messungsgrenze.

Manchmal finde ich es doch schade, schon 'alt' zu sein! Man wird
ausgezogen bis aufs letzte Hemd.

Wo und warum soll meine Frau weniger geleistet haben, als die
Jüngeren??"

*Quelle: Email an die Redaktion des Büros gegen Altersdiskrimi-
nierung.*

Zu alt für Ausbildung

"Bei einer öffentlichen Behörde habe ich den besten Einstel-
lungs-Test von 400 eingeladenen Bewerbern geschrieben, war
im Assessmentcenter auch souverän, wurde sogar zum Bewer-
bergespräch gebeten. Im Verlauf des Gesprächs, an dem sowohl
Gleichstellungsbeauftragte als auch jemand vom Betriebsrat zu-
gegen war, wurde mir mitgeteilt, dass man mich für zu alt hält
und denkt, dass ich mit den übrigen Auszubildenden keinen
Kontakt finden würde, da diese alle weitaus jünger wären als
ich!

Ich war durch eine chronische Krankheit meines Sohnes mit beiden Kindern insgesamt sechs Jahre zu Hause, habe danach in
meinem erlernten Beruf keinen Job mehr bekommen und mich
dann entschieden, mein Abitur nachzumachen.

Und nun gelte ich für eine neuerliche Ausbildung als zu alt und soll
den Rest meines Lebens als Klofrau verbringen? ES NERVT!!!"

*Quelle: Email an die Redaktion des Büros gegen Altersdiskrimi-
nierung.*

Zu alt für ehrenamtliche Arbeit bei Telefonseelsorge

"Meine ehrenamtliche Tätigkeit in der Telefonseelsorge habe ich
1991 begonnen. Damals gab es bei uns keine Altersregelung. Erst
2011 kam man auf die Idee, bei 75 Jahren eine Grenze zu setzen.
Da ich mit 78 Jahren diese Grenze bereits überschritten hatte,
musste ich mich auf meinen Abschied vorbereiten, obwohl mir
versichert wurde, dass meine Arbeit nichts an Qualität zu wün-

schen übrig ließe. Im Gegenteil, die Leitung wünschte sich, in meinem Alter einmal genau so fit zu sein. Für mich hat die Arbeit bei der Telefonseelsorge soziale Teilhabe bedeutet.

Es ist diskriminierend, das Geburtsdatum als Maßstab zu verwenden und nicht die Fähigkeit des Menschen!

von A.R."

Quelle: Email an die Redaktion des Büros gegen Altersdiskriminierung.

+++ Bremen: Telefonieren gegen die Einsamkeit – Projekt "Wohlfühlanrufe"*

"Elsbeth Rütten hat in Bremen mit Unterstützung der Bremer Gesundheitswissenschaftlerin Prof. Dr. Annelie Keil, der Bremer Seniorenvertretung, des Vereins 'Wege aus der Einsamkeit', der Firma Apmann sowie der Freien Kliniken Bremen das Projekt 'Wohlfühlanrufe' gestartet, das einen Weg aus der Einsamkeit anbieten soll.

Das Telefon wird im Dialog der Generationen eine wichtige Rolle spielen. Die Zahl junger und älterer Menschen, die ihren Alltag heute und zukünftig elektronisch organisieren, wird steigen. Ebenso die Zahl derer, die allein leben. Die Kommunikation ohne den Draht nach draußen wird für viele nicht mehr selbstverständlich und möglich sein. Vor allem für ältere Menschen wird 'die Qualität der gefühlten sozialen Sicherheit' abnehmen, je mehr von ihnen dem (staatlich gewünschten) Trend folgen, zu Hause in den eigenen vier Wänden alt zu werden, vielleicht fern der Familie, gehbehindert, schon ein wenig in der Alltagskompetenz eingeschränkt.

Hier setzt das Projekt an, sozusagen als telefonischer Hausbesuch, der dem Bedürfnis nach einem netten Gespräch gerecht wird. Er kommt nicht uneingeladen, und man braucht dabei keine fremden Menschen ins Haus zu lassen, er kann sehr kurzfristig erfolgen und steht nicht unter Zeitdruck.

Sicherheit und Seriosität haben höchste Priorität. Man kann klönen, diskutieren, Erfahrungen austauschen, sich informieren und beraten lassen. So werden Brücken der Begegnung gebaut, die gerade älteren Menschen einen Zugang zur sozialen Umwelt ermöglichen und die Einsamkeit zu überwinden helfen.

Die ehrenamtlichen Mitarbeiter/-innen, die diesen Dienst übernehmen, sind geschult, unterliegen der Schweigepflicht, schenken ihren Gesprächspartnern Zeit und Offenheit und interessieren sich für die Welt des anderen.

Als die Bremer Seniorenvertretung kürzlich einen Aufruf startete mit dem Angebot, dass Betroffene über Erfahrungen mit der Altersarmut berichten könnten, stieg schlagartig die Zahl der Telefonanrufe in der Geschäftsstelle. Viele der Anrufer bedankten sich dafür, dass sie Gelegenheit erhielten, sich endlich einmal mitteilen zu dürfen." (...)

"Auf ein Wort am Telefon ... weil es gut tut, gehört zu werden. Dasein immer Mitsein ist! Menschen, die miteinander sprechen, in ihrer Gemeinsamkeit und Gegenwart gestärkt werden. Im Austausch mehr Klarheit entsteht. Das Gefühl der Einsamkeit unterbrochen wird."

Es ist zu erwarten, dass viele Menschen das Angebot von Elsbeth Rütten nutzen möchten. Dazu bedarf es aber zusätzlicher Unterstützung von Ehrenamtlichen. Für das nächste 'Einsteigerseminar' werden weitere Damen und Herren für den telefonischen Besuchsdienst gesucht.

Die Seniorenvertretung Bremen wünscht dem Projekt 'Wohlfühlanrufe' viel Erfolg!"

Quelle: www.altersdiskriminierung.de

+++ Planet Senior*

Willkommen auf dem 50plus Portal PlanetSenior.de

"Bei uns finden Sie Wissenswertes und Interessantes rund um das Seniorenleben mit Informationen über Gesundheit, Ernährung, Fitness, Wellness, Seniorenreisen, Seniorenjobs, ehrenamtliche Tätigkeiten, Seniorentreffs, Seniorenbetreuung, Freizeitaktivitäten u.v.m.

Das Seniorenportal PlanetSenior führt Senioren/BestAger/Silversurfer zu nützlichen Informationen rund um den Alltag. In diversen Rubriken unseres PlanetSenior-Magazins finden Sie in Ratgeberform Tipps, Erklärungen und Checklisten zu Themen wie Ernährung, Fitness, Gesundheit, Wellness, Freizeitgestaltung, Reisen und etliches mehr ...

Wen das Thema 'Bildungsangebote für Senioren' interessiert, der findet in der Kategorie 'Bildung, Unterhaltung und Informationen' viele Seniorenbildungsangebote sowie Unterhaltsames und Interessantes aus aller Welt. Weitere Unterkategorien führen Sie z.b. zu nützlichen Tipps über Tiere und die Tierpflege. In der Kategorie 'Buchtipps, Buchrecherchen & Buchkritiken' können Sie in Rezensionen namhafter Autoren und Kritiker schmökern und sich über Neuerscheinungen am Buchmarkt informieren. Unter 'Lustiges' wird die Welt nicht ganz so ernst genommen. Wer gerne Witze zum Besten gibt, sollte hier unbedingt vorbeischauen. Weiterhin können Sie auf diverse Fachportale zugreifen sowie die Seiten von Online-Zeitschriften durchblättern."

Quelle: www.planetsenior.de

+++ Internationales: Das Gut-Altern-Netzwerk – Irland*

Die neue Agenda über das Altern

"Dieser Bericht ist eine unparteiische Präsentation über die Möglichkeiten und Herausforderungen einer alternden Bevölkerung und untersucht die Auswirkungen aufgrund irischer und internationaler Forschung. Er ist das Ergebnis umfangreicher Forschung sowie der gemeinsamen Anstrengung und dem Austausch von Ideen innerhalb der Mitglieder des Gut-Altern-Netzwerkes.

Der Bericht ist eine effektive Enzyklopädie über das Altern und bietet leicht zugängliche Referenzpunkte für alle, die die Auswirkungen einer alternden Bevölkerung für die Politik, Leistungsträger und die finanzielle Nachhaltigkeit der Renten – und insbesondere der Gesundheitssysteme – verstehen wollen.

Professor David Bloom, Leiter des universitätsweiten Programms von Harvard zur globalen Demografie des Alterns und Vorsitzender des Rates des Weltwirtschaftsforums zur Globalen Agenda über die alternde Gesellschaft, hat diesen Bericht vor kurzem gelesen und kommentiert:

'Der Bericht ist eine unschätzbare Ressource, weil er die Erkenntnisse aus den vielen Disziplinen destilliert und synthetisiert, die das neue Gebiet der Alterung unterstützen. Es ist wirklich ein Kraftakt und wird eine tolle Ressource für beginnende und etablierte Fachspezialisten in der ganzen Welt sein.'

Das Gut-Altern-Netzwerk (AWN) glaubt, dass es drei zwingende Gründe dafür gibt, dass Regierungen das Problem der Alterung zur Priorität machen und einen neuen Ansatz zu deren Lösung entwickeln.

Die Lebensqualität zu vieler unserer älteren Menschen ist schlecht. Dieser Bericht zeigt die vielen Fälle auf, die das dokumentieren, deutet auf das Ausmaß und die Art dieser Probleme und untersucht die Möglichkeiten, mit denen sie gelöst werden können.

Das Ausmaß des zu erwartenden Anstiegs der Zahl der älteren Menschen wird eine langfristige Planung erforderlich machen, um sicherzustellen, dass wir die Systeme, Strukturen und die Träger haben, um den Herausforderungen im Gesundheitssektor, in der Pflege und bei der Einkommenssicherheit gewachsen zu sein und so die 'demografische Dividende' in vollem Umfang zu nutzen wissen.

Menschen, die das normale Rentenalter erreichen, sind in der Regel gesund und aktiv. Sie besitzen die Weisheit und die Erfahrung einer ganzen Lebenszeit und suchen ein sinnvolles, mit Freizeit ausgeglichenes, Leben, soziale Verbindungen und die Möglichkeit eines Beitrags zum Leben in ihren Gemeinden.

Die neue Agenda des Alters-Reports und die beiden Hauptvorträge der Konferenz sind online verfügbar."

Quelle: www.ageingwellnetwork.com

Leitbild und Handlungsfelder für eine generationenfreundliche Stadt Dr. Ekkehard Krüger

Flensburg – Zuhause für jede und jeden, in jedem Lebensalter

Das Zusammenleben der Menschen in unseren Städten, Gemeinden und Landkreisen wird von vielen Faktoren beeinflusst. Diese können unter anderem sein: die soziale Schichtung und der Grad der sozialen Durchmischung, die Altersstruktur, die Arbeits- und Lebensmöglichkeiten, landschaftliche und bauliche Besonderheiten sowie das Zusammenspiel vieler individueller Eigenschaften oder Eigenarten, die Herkunft, Lebenshoffnungen und Lebensmöglichkeiten der Menschen.

Allen gemeinsam ist aber, dass jeder Mensch sein eigenes Leben in mehreren Phasen durchlebt und jeweils dementsprechend an der Gesellschaft teilhaben sollte. Deshalb ist für eine humane und demokratische Gesellschaft unverzichtbar, dass jede Generation für andere einsteht, insbesondere für Kinder und Jugendliche einerseits, für Menschen mit Behinderungen sowie Alte und Hochbetagte andererseits, während diese selbst ihre Stärken für das Gemeinwohl einbringen.

Das Miteinander der Generationen unter ausdrücklichem Einschluss ("Inklusion") von Menschen mit Behinderungen oder anderen Besonderheiten (z.B. Migrationshintergrund) wird vor allem in den Kommunen gestaltet. Hier liegt eine zentrale Herausforderung für zukunftsorientiertes kommunales Handeln und dessen Unterstützung durch Landes- und Bundesebene.

Dabei bietet der "demografische Wandel", d.h. die vorauszusehende Zunahme älterer Menschen an der Gesamtbevölkerung in Deutschland und Europa, vor allem Chancen,

– das kommunale Geschehen für alle Generationen zu echter Teilhabe zu öffnen,

– generationenübergreifende Begegnung und Zusammenarbeit weiter zu entwickeln,

– kreatives bürgerschaftliches Engagement aller Generationen zu initiieren,

– gegenseitige Rücksichtnahme und Hilfe zu organisieren,

– in Planungs-, Gestaltungs- und Arbeitsprozessen Routinen und deren Infragestellung, Innovationsfreude und Erfahrungswissen zusammen zu führen.

Denn Alte und Junge, Starke und Schwache, in Deutschland Geborene und Zugewanderte sind aufeinander angewiesen. Die Jüngeren können von dem Wissen und der Erfahrung der Älteren profitieren. Und die Jüngeren können Ältere und Menschen mit Behinderungen in ihrem Alltag begleiten und unterstützen, ohne dass diese ihre Selbständigkeit aufgeben müssen. "Inklusion" erfordert: jeden Menschen mit seinen besonderen Eigenschaften ernst zu nehmen und ihm die angemessene Teilhabe in der Gesellschaft zu ermöglichen, anstatt ihn zu diskriminieren und auszuschließen.

Nicht die Menschen haben sich den Institutionen anzupassen, sondern die Institutionen den Menschen. Das beinhaltet aber auch die Bereitschaft zur Integration trotz eigener Besonderheiten (z.B. für Zugewanderte: Spracherwerb und Beachtung der geltenden Verfassung und Gesetze; allgemein: gute Nachbarschaft zwischen den Generationen, gegenseitige Hilfe bzw. Rücksichtnahme und die Bereitschaft, Hilfe anzunehmen).

Kommunale Daseinsvorsorge in der generationenfreundlichen Gemeinde muss in allen Handlungsfeldern von Verwaltung und Politik für bürgerschaftliches Engagement offen sein und dieses herausfordern – unabhängig von Lebensalter, Geschlecht, Religion, Gesundheitszustand, Herkunft und ähnlichen Voraussetzungen. Dazu sind strukturelle Maßnahmen ebenso erforderlich wie aktivierende individuelle Unterstützung (insbesondere im Sinne einer fachlichen und solidarischen Beratung, der Stärkung eigener Aktivitäten, ideeller und sachlicher Förderung sowie finanzieller Hilfe zur Bewältigung besonderer Lebenslagen).

Die jeweils Handelnden sollen in allen Bereichen das Zusammenwirken der Generationen und sozialen Gruppen als Leitlinie beachten und der gesellschaftlichen Isolation von Menschengruppen oder Einzelnen entgegenwirken.

Familien und Alleinstehende, Kinder und Jugendliche, Senioren und Menschen mit Behinderungen, in Deutschland Geborene und Zugewanderte haben durchaus ähnliche Erwartungen an die Daseinsvorsorge in ihrem Wohnort. Dies gilt insbesondere für eine Infrastruktur, die den Menschen in der Region, in der sie aufwachsen, lernen und ausgebildet werden, ein angemessenes Angebot an Arbeits- und Lebensmöglichkeiten bietet. Dazu gehören außerschulische und lebensbegleitende Bildungsmöglichkeiten sowie Kulturangebote gleichermaßen wie Wohnraum, Grünflächen, Nahversorgung, ÖPNV, Gesundheitsdienste, Sport und Prävention. Allen nützt es, wenn öffentliche und private Räume von Barrieren befreit und vielfältige Möglichkeiten zur Begegnung und Zusammenarbeit geschaffen werden.

Dieses Leitbild soll insbesondere für die nachfolgend benannten kommunalen Handlungsfelder konkrete Ziele ermöglichen.

1. Teilhabe

– Weiterentwicklung der politischen Teilhabe der Bürger in jedem Lebensalter in den kommunalen Institutionen durch demokratisch von der Basis legitimierte Vertretung (Beiräte, Fürsprecher o.ä.).
– Förderung realistischer Menschenbilder in Verwaltung und Öffentlichkeit und entschiedenes Eintreten gegen Diskriminierungen.
– Verhinderung der Benachteiligung von Menschen auf Grund von Besonderheiten (z.B. Behinderung oder Migrationshintergrund, Lebensalter).
– Bildung und Förderung von kommunalen Seniorenbeiräten gem. §§ 4, 47d, 47e der Gemeindeordnung und §§ 42a, 42b der Kreisordnung in Schleswig-Holstein.
– Ergänzung der "Beauftragten" (z.B. Gleichstellungsbeauftragte gem. § 2 Abschn.3 der Gemeindeordnung, Beauftragte/r für Menschen mit Behinderung usw.) durch beratende Gremien bzw. gewählte Beiräte.
– Einrichten geeigneter Strukturen für die Teilhabe von Migranten ohne deutsche Staatsbürgerschaft.
– Förderung von Netzwerken zur Teilhabe aller am kulturellen und sozialen Leben.

2. Stadt- und Sozialplanung

– Verbesserung von Wohnquartieren in der sozialen und altersmäßigen Durchmischung mit dem Ziel einer "generationenübergreifenden nachbarschaftlichen Bestandsentwicklung und -verbesserung" – unter ausdrücklicher Einbeziehung von Menschen mit Besonderheiten (z.B. Behinderung, Migrationshintergrund, alleinerziehender Elternteil, Kinderreichtum).
– Anregung und Förderung selbstverwalteter Nachbarschafts- und Mehrgenerationen-Wohnprojekte.
– Weiterentwicklung von Kinder-, Jugend- und Seniorenzentren zu "Mehrgenerationenhäusern" bzw. "Familienzentren", in denen auch Platz für die "Großeltern-Generation" ist.
– Wohnortnahe Bildungs- und Sozialeinrichtungen, Sicherung der Nahversorgung für den täglichen Bedarf sowie ärztlicher und fachärztlicher Versorgung.

3. Sozial- und Kulturarbeit

– Förderung und Beratung mit dem Ziel interkultureller Begegnung für alle Altersgruppen.
– Anregung und Förderung von Gemeinde- oder Stadtteilmittelpunkten mit Angeboten für alle Generationen unter Einschluss selbstverwalteter Initiativen. Förderung und Unterstützung von Selbstverwaltung und ehrenamtlicher Arbeit in diesen Zentren durch professionelle inhaltliche und organisatorische Unterstützung (Programmdurchführung, Verwaltung, Erhaltung und Pflege der Räumlichkeiten, technische und organisatorische Hilfen).
– Spezielle Förderung von gemeinsamen Projekten zwischen Jung und Alt sowie von anderen Inklusionsprojekten.
– Anregung und Förderung sozialer und gesundheitlicher Vorsorge, von Nachbarschaftshilfe und Lotsendiensten im Sinne unabhängiger Beratung und Unterstützung.
– Ausbau einer trägerunabhängigen Beratung und einer Betreuungs- und Pflegeinfrastruktur, die bei Eintreten von Behinderungen oder Gebrechlichkeit den Verbleib in der gewohnten Wohnung bzw. Wohnumgebung ermöglicht (ambulante Pflege,

Tages- und Kurzzeitpflege, Qualitätssicherung in der Pflege, Pflegeeinrichtungen in Wohnquartieren).
– Aufbau und Förderung von Gruppen bzw. Netzwerken zur sozialen und kulturellen Selbsthilfe.
– Förderung des Breitensports durch für alle Generationen sowie Menschen mit Behinderungen geeignete Spiel- und Sportanlagen.

4. Bebauungspläne

– Konsequente Umsetzung der neuen LBO-Vorschriften zur Barrierefreiheit; Nutzung der Kann-Bestimmungen des § 84 LBO.
– Konkretisierungen der "besonderen Belange von Familien mit Kindern, von alten Menschen sowie Menschen mit Behinderungen" (LBO § 3) in den Festsetzungen und Begründungen von Bebauungsplänen.

5. Haus- und Wohnungsbau

– Konsequente Umsetzung der Barrierefreiheit nach § 52 LBO (bei mehr als zwei Wohnungen in einem Haus muss ein Geschoss barrierefrei ausgeführt werden).
– Verbesserung der Förderrichtlinien
    – für barrierefreie Bauausführung,
    – für barrierefreie oder barrierearme Wohnungsanpassung auch für Bewohner von Mietwohnungen (vgl. den Beschluss 32 des 19. Altenparlaments).
– Förderung des Sozialen Wohnungsbaus nicht nur durch Darlehen, sondern auch (wieder) durch zweckgebundene Zuschüsse mit dem Ziel einer dauerhaften Absenkung der Mieten.
– Zuschüsse speziell für barrierefreie Wohnungen auch hier mit dem Ziel einer dauerhaften Absenkung der Mieten.

6. Straßenverkehr

– Sichere Straßen, Rad- und Fußwege, d.h. Übersichtlichkeit auch für Kinder, abgesenkte Bordsteine an allen Querungen, besonders gesicherte Querungen an viel befahrenen Straßen oder an unübersichtlichen Stellen, eingehende Berücksichtigung der Belange von Menschen mit Behinderungen.

– Gezielte Aus- und Fortbildung der jeweils zuständigen Mitarbeiter/innen.

7. ÖPNV – öffentlicher Personennahverkehr

– Organisation, Erreichbarkeit, Ausgestaltung von Haltestellen des öffentlichen Personennahverkehrs, von Fahrzeugen und Informationen nach den Bedürfnissen aller Generationen und von Menschen mit Behinderungen.

– Gewährleisten einer konsequenten Fahrgastorientierung durch entsprechende Schulungen des Personals in den Fahrzeugen und in der Kundenbetreuung.

– Kundenfreundliche Fahrplangestaltung und Linienführung auch in den Randstunden und an Sonn- und Feiertagen.

"Dritte Ebene", Eva-Maria Mehrgardt

Wir brauchen eine Tat*

Auf der Website der Bundeszentrale für politische Bildung** finde ich den Artikel über "Lebensentwürfe '50plus'" von Dieter Otten und Nina Melsheimer, deren Buch hier im Kapitel "Gesundheit und Wachstum im Alter" von Dr. Ekkehard Krüger erwähnt wird. – Hier ein Auszug über die berufliche und finanzielle Situation von Älteren:

"Neben den physischen und psychischen Gegebenheiten haben auch die berufliche Situation und eine im Schnitt solide finanzielle Lage Einfluss auf moderne Lebensentwürfe 50+. Tatsächlich sind die 50- bis 70-Jährigen die relativ wohlhabendste Altersgruppe der Republik. Auch sind sie in bescheidenem Maße vermögend: 54 Prozent besitzen Wohneigentum oder Vermögensrücklagen. Diesen stehen jedoch 46 Prozent Nicht-Vermögende gegenüber, von denen etwa die Hälfte zusätzlich über relativ niedrige Einkommen verfügt und deren Aussichten in Bezug auf Rente und Altersversorgung durchaus als schlecht zu bezeichnen sind."

Dabei sind es vor allem die Frauen, die von Altersarmut bedroht sind. Sie bekommen deutlich weniger Rente. Die durchschnittliche Altersrente in den alten Bundesländern liegt bei rund 700 Euro monatlich. Männer kommen dabei auf etwa 970 Euro und Frauen im Durchschnitt auf 473 Euro. In den neuen Bundesländern erhalten Rentner durchschnittlich 826 Euro, wovon die Männer etwa 1044 Euro und die Frauen 676 Euro monatlich beziehen.

Frauen sind beim Thema Altersvorsorge mehrfach benachteiligt: Sie verdienen bei gleicher Arbeit immer noch rund 22 Prozent weniger Geld als ihre männlichen Kollegen, darum zahlen Frauen auch deutlich weniger in die Rentenkassen ein. Sie haben eine höhere Lebenserwartung als Männer, sie leben länger. Gleichzeitig haben sie häufiger Brüche in der Erwerbsbiografie – deutlich mehr Frauen als Männer setzen für die Kinder im Job aus oder arbeiten jahrelang in Teilzeit. Dadurch erreichen sie im Schnitt 15 Versicherungsjahre weniger als Männer.

Etwas weiter unten im Artikel über Lebensentwürfe "50plus" heißt es:

"Lebenslang arbeiten? Reformprojekte in aller Welt zeigen: Es kann eine faszinierende Erfahrung sein, bis ins hohe Alter zu arbeiten. Wenn aber ein erheblicher Teil der Bevölkerung über 65 Jahre weiter arbeiten möchte, womöglich bis zum 80. Lebensjahr und darüber hinaus, gerät das gesamte System der Arbeitsmarktregulierung ins Wanken. (...)

Zumutbarkeit und Grenzen der Arbeit im Alter müssen deshalb neu bestimmt werden. Die Faszination der bestehenden Modelle geht davon aus, dass die arbeitenden Älteren von jeglichen ökonomischen Zwängen befreit sind: Sie haben ihre Renten sicher.

Stehen Ältere aber unter dem Zwang der Erwerbsarbeit, kann und wird der Segen zum Problem werden, Ausbeutung, Lohn- und Rentenkürzung wären nur einige denkbare Folgen. Somit kann die Frage nach der Arbeit im Alter nicht losgelöst von der Frage der sozialen Sicherung diskutiert und beantwortet werden.

Das Ehrenamt allein kann diese Problematik nicht lösen. Es ist nicht darauf eingestellt, Millionen von Menschen auf Dauer eine sinnvolle Beschäftigung zu geben."

Wir alle haben ein Recht auf Glück. Innere Zufriedenheit und Sinn bekommen im öffentlichen Diskurs wenig Aufmerksamkeit, dabei wird jeder einzelne Moment unseres persönlichen Alltags davon bestimmt, ob wir unser Leben als sinnvoll und erfüllt empfinden.

Im letzten Jahrhundert hat ein gewaltiger Umbruch der sozialen Strukturen stattgefunden, wir haben Kleinstfamilien und Lebensabschnittspartner, und die Zahl der Einzelhaushalte liegt in den großen Städten inzwischen bei beinahe vierzig Prozent. Wir ziehen unserer Arbeit hinterher und verlassen unsere Familien und unser soziales Umfeld. Viele Menschen vereinsamen. Große Supermarktketten haben die kleinen Läden verdrängt, bei denen man sich in der Nachbarschaft seinen täglichen Bedarf an Lebensmitteln und an Begegnungen holen konnte. Die ehemaligen sozialen Infrastrukturen in Dörfern und Städten sind heute nicht oder kaum noch vorhanden.

Innere Werte wie Liebe und Mitgefühl für alle anderen lebenden Wesen und die Erfahrung, dass diese Eigenschaften ein erfülltes Leben ausmachen, werden vernachlässigt oder sogar lächerlich gemacht. – Ein Freund erzählte mir, in seinem Betrieb in der Pharmaindustrie werde ein Lächeln als ein Zeichen der Unterwerfung bewertet. Und das Mobbing in Betrieben und Schulen scheint inzwischen zu unserem Alltag zu gehören.

In meiner Heimatstadt gibt es Betriebe, in denen die Mitarbeiter in ihrer Arbeit der telefonischen Anwerbung von Kunden angehalten werden, ihre Kollegen bei einem Erfolg im Verkauf mit Lob, Umarmungen und lautem Jubel zu belohnen. Sobald aber dieser selbe Kollege sein Quantum an neuen Kunden nicht erfüllt, wird er von seinen Kollegen auf Befehl von "Oben" gemieden, ausgegrenzt oder gar beschimpft. Wie qualvoll muss es sein, täglich in einer solchen Umgebung zu arbeiten!

Eine Lebensschule, die uns auf das Leben in all seinen Facetten vorbereitet und in der wir, vorzugsweise schon in der Kindheit, unsere Haltung zum Leben und das Bild, das wir von uns selbst und anderen haben, unserer Lebenswirklichkeit anpassen können, wäre ein guter Anfang. Die Schule des Lebens größtenteils schon durchlaufen zu haben, ist einer der Vorteile des Alt-Seins und ein Kapital, das es zu hüten gilt.

Wir brauchen neue Formen des Zusammenlebens und der sozialen Einbindung derjenigen, die aus welchen Gründen auch immer, aus dem gesellschaftlichen Leben ausgegrenzt sind. Dazu brauchen wir auch und gerade die älteren Menschen. Ihr Wissen und ihre Erfahrungen nicht in die Gesellschaft einzubringen, wäre ein großer Verlust, den wir uns nicht leisten können und gewiss nicht leisten sollten.

Der Mensch ist im Gegensatz zu allen anderen Lebensformen ein geistiges Wesen. Die Ressourcen, die ein Mensch im Alter hat, sind andere als die der Jugend. Wesentliche Merkmale des Alters sind eine bessere Einschätzung des eigenen Könnens, größere Sicherheit und ein reflektiertes und in unsere Lebenswirklichkeit integriertes Wissen. Und sehr wichtig – ein gutes Gespür für die Qualitäten anderer.

Sicher ist es richtig, wenn sich ältere Menschen durch ein Ehrenamt oder ein Studium im Alter weiterhin am gesellschaftlichen Leben beteiligen können. Ein Wiedereintritt in eine neue Beschäftigung erst aus dem Rentenalter heraus wäre aber zu spät.

Mehr Männer als Frauen übernehmen ein Ehrenamt, wie das Deutsche Rote Kreuz nach einer von ihnen beauftragten Meinungsumfrage durch das Meinungsforschungsinstitut Emnid im Jahr 2011 veröffentlichte:

"Männer leisten nach einer repräsentativen Umfrage in Deutschland häufiger ehrenamtliche Arbeit als Frauen. Demnach leisten 27 Prozent der männlichen Deutschen kostenlos etwas für die Gesellschaft, aber nur 21 Prozent der Frauen. Der Gesamtschnitt liegt bei 24 Prozent."

Und: "Wohlhabende Menschen helfen häufiger."

"Aktivste Altersgruppe sind die 50- bis 59-Jährigen. Von ihnen ist mehr als jeder Dritte ehrenamtlich aktiv (35 Prozent). Auch eine gute Bildung geht oft einher mit der Bereitschaft zum ehrenamtlichen Engagement", hieß es weiter. "34 Prozent der Befragten mit Abitur und Universitätsabschluss sind regelmäßig freiwillig tätig, von den Befragten mit Volksschulabschluss und ohne Lehre nur 9 Prozent.

Die Meinungsforscher fragten auch Nicht-Aktive nach ihrer Bereitschaft, sich künftig ehrenamtlich zu engagieren. Hier stehen offensichtlich vor allem Frauen in den Startlöchern. 28 Prozent können sich vorstellen, ein Ehrenamt zu übernehmen, bei den Männern nur 21 Prozent."**

In meinem Umfeld und, soweit ich weiß, überall in der Gesellschaft, sind es aber weit mehr Frauen als Männer, die sich sozial engagieren. Auch hier scheinen sie also irgendwie unsichtbar zu sein. Denn es sind immer noch die Frauen, die dem kranken Nachbarn ein Süppchen kochen und auf die Kinder der Kollegin aufpassen, wenn diese zum Arzt muss, und die ihre alten Eltern pflegen.

Sandkastenspiele, wie ein als reines Hobby angesehenes Seniorenstudium, sollten nachhaltig durch lebenslanges Lernen, das unseren veränderten gesellschaftlichen Anforderungen entspricht, ergänzt werden.

Brachliegende menschliche Ressourcen, die ungeheure Verschwendung von Kapazitäten, und zugleich von menschlicher Wärme und Miteinander zugunsten einer absurden Größe, wie der des wirtschaftlichen Wachstums, führen uns ansonsten in eine nicht nur kalte, sondern auch kulturell verarmte Welt. In eine Welt des Jungseins um jeden Preis, von kulturellen Events, denen jede Tiefe fehlt, und in der der Wert eines Menschen danach berechnet wird, wie viel er besitzt und welches Auto er fährt.

Jugend ist natürlich etwas Wunderbares. Wenn aber der jugendliche Glanz langsam abnimmt, fühlt ein Mensch sich plötzlich wertlos. Vor allem kluge alte Frauen gelten in unserer Gesellschaft selten als gutes Vorbild, sondern eher als schwierige oder gar verschrobene Personen.

Die meisten Bücher werden von Frauen gelesen. Und die Zahl der älteren Frauen, die sich auf Fortbildungen und in Kursen tummeln, ist regelrecht atemberaubend.

Junge Menschen brauchen Vorbilder, sie brauchen die Geschichten und Bilder gelebten Lebens.

Die Lebenserwartung steigt und die meisten von uns arbeiten nur ein Drittel ihrer Lebenszeit. Gleichzeitig sehen wir vor allem im sozialen Bereich, in den Altersheimen und in der Altenpflege, in den Schulen, den Kindergärten und in den Krankenhäusern, dass immer weniger schlecht bezahlte ArbeitnehmerInnen immer mehr Arbeit verrichten müssen. Und auch in der kulturellen Bildung, so wichtig sie für die Entwicklung der Persönlichkeit und des selbstständigen Denkens ist, wird kräftig gespart.

Hierin zeigt sich das ganze Ausmaß der in den Köpfen und Herzen stattfindenden Verwahrlosung derjenigen, die maßgeblichen Einfluss auf die wirtschaftlichen und politischen Entscheidungen in unserem Land haben.

Arbeitsplätze nur durch Ehrenamtler aufstocken zu wollen, hieße soviel wie, statt auf Brandschutzmaßnahmen zu setzen, sofort die Feuerwehr zu rufen. Und zusätzlich, einer weiteren De-Professionalisierung in den oben genannten Bereichen den Boden zu bereiten.

Stattdessen sollten wir auf die veränderten Bedingungen in der Arbeitswelt durch strukturelle Veränderungen reagieren und gänzlich neue Modelle von Arbeits- und Lebenswelten entwerfen. Wobei weniger Wachstum, stark eingeschränkter Konsum und sparsamer Energieverbrauch selbstverständlich erscheinen. Hier wären auch innovative Konzepte wie das allgemeine Grundeinkommen der immer kleiner werdenden Zahl der miteinander zu teilenden Arbeitsplätze entgegenzusetzen.

Das hieße auch und vor allem: Jedes Amt und jede Arbeit als Ehrenamt zu betrachten, auf das Gute im Menschen zu setzen und daran zu glauben, dass das, was Menschlichkeit ausmacht, eben mehr ist als nur ein Wort oder eine kleine Spende.

Wir brauchen mehr Herzenswärme und Güte. Ein sinnvolles Leben steht im Dienste einer Welt, die sich nicht nur an den Dingen, sondern an menschlichen Werten misst.

*"Wir brauchen eine Tat", sagt Graf Leinsdorf, und es ist der Vorschlag des "Mannes ohne Eigenschaften", ein "Erdensekretariat der Genauigkeit und Seele" für eine "geistige Generalinventur" einzurichten. (Robert Musil: Der Mann ohne Eigenschaften, S.597)

Musil nennt seinen Roman eine "positive Konstruktion". Um diese Konstruktion zu realisieren, muss das, was ist, die "Wirklichkeit", auf die ihr zugrundeliegenden Strukturen hin untersucht werden, da diese Strukturen dem entsprechen, was wir sind.

"Die Aufgabe ist: immer neue Lösungen, Zusammenhänge, Konstellationen, Variable zu entdecken, Prototypen von Geschehensabläufen hinzustellen, lockende Vorbilder, wie man Mensch sein kann, den inneren Menschen erfinden." (Berghahn, S.83)

Denn, sagt Musil, "die Struktur der Welt und nicht die seiner Anlagen weist dem Dichter seine Aufgabe zu."

Und: "So wäre eine Methodenlehre dessen, was man nicht weiß, beinahe das gleiche wie eine Methodenlehre des Lebens." (Musil, S.784)

Literatur:

Berghahn, W.: "Robert Musil", Rowohlt, Reinbek 1977

Musil, R.: "Der Mann ohne Eigenschaften", Rowohlt, Reinbek 1988

**Quelle: www.bpb.de

Zukunftswerkstatt

Ausgangspunkt ist hier, dass ästhetische Erziehung einen wichtigen Beitrag zur Wahrnehmung differenzierter Prozesse darstellt und komplexe gesellschaftliche Probleme nicht ohne diese gelöst werden können. Im Prinzip der "Offenen Werkstatt" hat der selbstorganisierte Arbeits- und Aneignungsprozess in lebensnaher Praxis große Bedeutung.

Lernen, ob in der Schule, im Beruf oder in speziellen Kursen, könnte und sollte in einen ganzheitlichen Prozess integriert werden, in dem der "ganze Mensch" in eine Entwicklung einbezogen wird, durch die er/sie nicht nur inhaltliche Aufgaben zu meistern lernt, sondern wodurch er/sie in der Lage ist, zusammen mit anderen ein selbstbestimmtes und erfülltes Leben zu führen. Offene Strukturen und selbstorganisiertes Lernen in der Gruppe führen zu einer kooperationsfähigen Gemeinschaft, indem soziale Kompetenzen spielend erlernt werden.

Das Werkstattprinzip beinhaltet eine direkte ästhetische Praxis in verschiedenen kreativen Techniken, in der die Produktion und die Reflexion über geschaffene Inhalte einander ergänzen und in der unsere Fähigkeit zu einer kritischen Auseinandersetzung mit der uns umgebenden Bilderwelt geschult wird.

"Aneignung von Kultur vollzieht sich nicht nur durch die kognitive Vermittlung von Bildungsinhalten. Erst durch die tätige Fühlungsnahme im konkreten Lebenszusammenhang und im Kontakt mit 'lebenden Kulturträgern' kann sich nach und nach so etwas wie ein kulturelles Bewusstsein entwickeln.

Das gilt sowohl für die eigene Kultur als auch für nicht vertraute, von außen betrachtete fremde Kulturen. In diesem Verhältnis zur kulturellen Realität formt sich dann ein konturiertes Bild von kultureller Vielfalt, das von Vor-Urteilen und überzogenen Vereinfachungen wegführt, die Bejahung der Differenziertheit von Erscheinungen erleichtert und insgesamt die Toleranzfähigkeit erhöht." (Kahrmann, S.21)

Nur so kann verantwortungsbewusstes Handeln eingeübt werden. Dabei sind Muße und ein "Sich-gehen-Lassen" Teil und sogar Voraussetzung selbstorganisierten Lernens. Es gilt also nicht nur, möglichst viel und möglichst "Gutes" zu produzieren, sondern gerade auch das Scheitern und das Chaos als äußerst wichtige kreative Momente in den Prozess mit einzubeziehen. Denn nur so offenbart sich brachliegendes "offenes" Potenzial, und erst dann wird das ganze Bild sichtbar. Jeder Künstler weiß das, und wir alle kennen die Geschichten von Erfindern, denen ihre besten Ideen im Traum kamen.

Werkstattarbeit heißt Raum schaffen, Möglichkeiten nachspüren, Grenzen überwinden

Die Durchdringung und Gleichzeitigkeit von Gegensätzen als multiple Strukturen und mögliche Systeme von Welt erfahren. Fiktiver Raum gleich Spiel-Raum.

Bild und Sprache, Farben und Klänge sind die Werkzeuge von Erkenntnis. Einsichten werden zum Mittel und sind damit die Werkzeuge zur Bildung von Wirklichkeit. Auf der Ebene unserer Körperwahrnehmung werden die verschiedenen Seiten unseres Daseins, wie Licht und Schatten und gut oder schlecht, erkannt und damit integriert. Das Resultat bin ich selbst ("Ich-Selbst"), und das Bild, das ich von mir und der mich umgebenden Wirklichkeit erschaffe, wird so ein ganzes und ein heiles Bild.

Das Bild als eine Gestalt "ganzer", komplexer Inhalte, wird zu Bildung im Sinne von "sich ein Bild machen". Kulturelles Training betrifft den ganzen Menschen, seine ganze Gestalt, und alle seine Sinne werden eingesetzt, um seine individuelle Gestaltungskompetenz zu fördern.

Der aggressiven kulturellen Sozialisation von Fernsehen und Werbung wird damit das Instrument einer kulturellen Bildung entgegengesetzt, die durch die Schulung der Wahrnehmung in

Theorie und Praxis zu einer Differenzierung des Wahrgenommenen überhaupt erst in der Lage ist.

"Das hieße, alles, was im Spiegel des Gewahrseins auftaucht, nicht als feststehende, und damit nicht zu verändernde Realität da draußen zu verstehen, sondern als einen Prozess, auf den wir direkten Einfluss ausüben können und der nicht außerhalb unserer selbst stattfindet, sondern Teil des Ganzen ist, das wir sind." (E.-M. Mehrgardt, S.85)

Die Aneignung von Welt durch Wahrnehmen und Gestalten, in der Prozess und Arbeitsergebnis gleichwertig nebeneinanderstehen, führt zu einer erweiterten Fähigkeit der Reflexion von Inhalten.

"Insgesamt wird eine Vertiefung der Persönlichkeitsbildung notwendig sein. Als wesentliche Konsequenz wird das quantitative und qualitative Verhältnis zwischen Information und Schüleraussage (Exformation) neu zu bedenken sein. Das bezieht sich sowohl auf das Verhältnis, in dem vorzüglich informationsbestimmte Sachbereiche zueinanderstehen, wie auf das Verhältnis von informativer zu gestalthafter Bewältigung innerhalb jedes einzelnen Sachbereiches." (O. Mehrgardt, S.57)

Es entsteht Offenheit als eine Divergenz, ein Auseinanderstreben, das, keinen Grenzwert habend, die verschiedenen Standpunkte und Meinungen respektiert. – Der Regisseur Peter Brook formuliert es so:

"Es ist nicht der Versuch, Methoden und Techniken auszutauschen, nicht die Prätention einer gemeinsamen Sprache, die hier und da durch ein Zusammenfügen von Bruchstücken aus den verschiedenen kulturellen Hintergründen erfunden werden könnte. Nicht die Zeichen und Signale der verschiedenen Kulturen sind es, worum es geht; es ist das, was hinter den Zeichen liegt, das, was ihnen Bedeutung gibt." (Brook, S.144)

Der Aktionskünstler Gordon Matta-Clark sagt dazu im Zusammenhang mit den Veränderungen und Einschnitten, die er an Häusern vorgenommen hat:

"Die meisten Dinge, die ich getan habe, die architektonische Implikationen haben, haben im Grunde Nicht-Architektur zum Thema. Wir haben mehr nachgedacht über metaphorische Leeren,

Zwischenräume, offene Räume und Stellen, die nicht entwickelt waren." (Smits, S.54)

Auch in seinen Zeichnungen ist die Aufmerksamkeit vor allem auf das Weggelassene, auf die Zwischenräume gerichtet, durch die sich eine Form überhaupt erst entwickeln kann.

In allen Formen der Untersuchung, die wir anwenden, um uns ein wahres Bild von der Wirklichkeit zu bilden, wie abstrakt auch immer diese sein mag, ergibt sich das Problem einer ganzheitlichen Begriffsbildung. Uns fehlt dazu in gewisser Hinsicht die Sprache oder besser gesagt, das Bewusstsein, dass diese Sprache irgendwie und irgendwo "anders" existiert.

"Neben dem Biographischen fehlt das bewusst Ideographische", sagt Robert Musil. (Berghahn, S.84)

"In Édouard Glissants 'Traktat über die Welt' aus dem Jahre 1997 wendet er sich ausdrücklich gegen das gängige Bestreben, den anderen 'verstehen' zu sollen, denn dies bedeute stets, ihn zu vereinnahmen und 'ihn so in einer geisttötenden Totalität zu verlieren'. Statt auf 'die falsche Klarheit der universalen Modelle' zu vertrauen, macht Glissant das 'Recht auf Opazität'* für alle geltend – ein Aufruf an die Aufklärer, andere unverstanden und, im Wortsinn, unbehelligt sein zu lassen. Seiner karibischen Herkunft eingedenk, spricht Glissant hier von 'Archipelischem Denken'." (Döring)

Was Glissant die "Poetik der Beziehung" nennt, steht für eine menschliche Identität, die sich über eine Vielfalt der Beziehungen definiert – ganzheitlich –, keine lineare und damit nacherzählbare Geschichte, vielmehr die Empfindung, selbst Teil dieser ganz anderen Wahrnehmungsweise zu sein und einem gänzlich anderen Zeit- und Raumgefühl zu unterliegen, macht seine Poetik zu einer "ganzen" Geschichte.

Als Werkzeuge des schöpferischen Prinzips der Wandelbarkeit sind es die Künste, die den Raum für das Imaginäre als einen grenzüberschreitenden Akt der Offenheit und des Verstehens erschaffen. Denn – jede Linie verweist auf die Grenze des Sichtbaren und jede eingenommene Position verändert die Wirklichkeit im Verhältnis zur vorhergehenden radikal.

Und – der eigene Horizont bleibt immer auf die eigene Augenhöhe beschränkt! Es ist uns nicht gegeben, den Horizont unseres Nachbarn oder unserer Geliebten auch nur ein einziges Mal wirklich zu "sehen".

Wir können höchstens versuchen, die Position des anderen einzunehmen, indem wir sie nachahmen. Jede/r Künstler/in weiß das, und alle Künstler wissen um den "ganzen Raum", den es zu bespielen gilt.

Da unsere Formensprache mit so vielen verschiedenen Qualitäten, wie rot – weiß – hoch – eckig – nett – gefährlich usw., verbunden ist, welche durch sie hindurch wirken und damit wiederum neue Realitäten und Qualitäten hervorbringen, ist die Beschäftigung mit unseren inneren Bildern und die daraus entstehende Kreativität als Werkzeug zur Schaffung einer Realität, die den ganzen Menschen in das Bild mit einbezieht, ein integrativer Akt der Liebe.

Schaut man sich die vernichtenden Resultate unseres Handelns an, können wir nur hoffen, eine Sprache zu finden, die einbezieht anstatt auszugrenzen. Gerade aus dem schrillen Gegensatz heraus, in dem wir zu uns und zur Natur zu stehen scheinen, sollten wir die imaginäre Kraft unserer Vorstellungen nutzen und die uns eigentlich so zugängliche Sprache des kreativen Ausdrucks und der Intuition neu erlernen, um dieses so ungeheuer vielschichtige Ganze auch nur zu erahnen.

"... Sogar wenn man sich niemals fragt, was wirklich ist: In der Kindheit wandert man konstant hin und her über die Grenzen der Wirklichkeit. Dann, wenn man erwachsen wird, lernt man entweder, der Vorstellungskraft zu misstrauen, oder man flüchtet sich in den Traum, weil man den Alltag verabscheut. Ich entdeckte, dass das Imaginäre beides ist, positiv und negativ – es öffnet ein trügerisches Bild, in welchem die Wahrheit schwer von den Illusionen zu trennen ist, und in dem beide Schatten werfen. Ich musste lernen, dass das, was wir Leben nennen, ein Versuch ist, diese Schatten zu lesen, an jeder Biegung getäuscht durch das, von dem wir so einfach annehmen, es sei wirklich."
(Brook, S.5)

Literatur:

Berghahn, W.: "Robert Musil", Rowohlt, Reinbek 1977

Brook, P.: "Threads of Time", Methuan Drama, Random House, London 1998

Kahrmann, K.-O.: "Wahrnehmen und Gestalten. Formen Werkstattbezogener Ästhetischer Praxis", LAG Kunst Schleswig-Holstein e.V., Hrsg. Kahrmann, K.-O., Flensburg 1992

Mehrgardt, E.-M.: "Volle Leere", in: Gestalttherapie. Forum für Gestaltperspektiven. 22. Jahrgang/Heft 1, EHP, Köln 2008

Mehrgardt, O., Stolpe, A.: "Eigenständiges Denken in der Schule", Schmidt & Klaunig, Kiel 1995

Smits, A.: "Gordon Matta Clark, Tekeningen", in: Metropolis M, 5, 54–55, Utrecht 1998

Döring, T.: "Aus der Welt der Antillen: Édouard Glissants Quersprünge", in: Frankfurter Allgemeine, 26.05.2000

Schön Alt

Es war im Flugzeug auf einer meiner Reisen nach Indien. Ein paar Reihen vor mir saß ein uraltes indisches Paar, sicher weit über die Achtzig. Er mit weißem Vollbart und dem gewundenen Turban eines Sikhs und sie sehr gebrechlich und offensichtlich gehbehindert.

Schon beim Einsteigen sah ich, dass ein junger Mann ihnen beim Platznehmen behilflich war, das Gepäck verstaute und dafür sorgte, dass sie bequem saßen.

Als das Begrüßungsgetränk kam, erschien eine Frau mittleren Alters, die die Stewardess übersetzte und dabei half, das richtige Getränk auszusuchen. Ein kleiner Junge von ungefähr drei Jahren hielt sich immer wieder bei den alten Herrschaften auf, er kletterte auf den Schoß des Mannes und zeigte seine Spielzeuge, dabei unterhielten sie sich angeregt.

Jedes Mal, der Flug dauerte immerhin acht Stunden, wenn die alte Dame in den Waschraum wollte, erschien wieder eine andere Dame, die dafür sorgte, dass sie nicht in der Warteschlange anstehen musste, und die auf sie wartete und wieder zurück auf ihren Platz brachte.

Es war ein Kommen und Gehen. Ein älterer Mann fragte nach den Essenswünschen des Paares, ein kleines Mädchen tauchte auf und unterhielt sich angeregt mit ihnen und all die leckeren mitgebrachten Speisen wurden ihnen appetitlich angerichtet gereicht. Ich war ohne jede Frage davon überzeugt, dass das alte Paar mit seiner vollständigen Großfamilie auf der Reise zurück in die Heimat war. Vielleicht aus Amerika zusammen unterwegs zu einer Familienhochzeit? Ich fantasierte darüber, woher sie wohl kamen und was sie dazu gebracht haben mochte, allesamt in ein fremdes Land zu ziehen.

Beim Aussteigen dasselbe Bild – die ganze Familie sammelte sich um die beiden alten Herrschaften, half hier mit einer stützenden Hand, zurrte dort ein Band fest, sie kamen mit dem Rollstuhl für die alte Dame, und sie sorgten an der Treppe für einen problemlosen Ausstieg. Auch bei der Passkontrolle am Schalter für indische Staatsangehörige sah ich, wie sie den Rollstuhl ganz nach vorne an die Schalter heranschoben und wie alle Anstehenden bereitwillig Platz machten.

Als ich, nachdem ich endlich das richtige Laufband und meinen Rollkoffer gefunden hatte, zum Taxistand ging, erwartete mich eine Überraschung. Mein altes Paar stand dort allein, ohne die Familie, er gebückt hinter dem Rollstuhl seiner Frau, daneben ihr Gepäck.

Was war geschehen? Es dauerte, bis ich begriff, dass das alte Paar die ganze Zeit über nur zu zweit unterwegs gewesen war und dass die restliche "Familie" aus lauter Fremden bestanden hatte, die es als ihre Pflicht angesehen hatten, den Senioren auf ihrer Reise behilflich zu sein und sie zu unterhalten ...

"Wie vom Ende her alles sich aufklärt, wie man, wenn man mitten drin steckt, durch keine Anstrengung das Muster erkennen kann, das unter den Erscheinungen arbeitet. Weil der blinde Fleck das Zentrum der Einsicht und der Erkenntnis überdeckt."

Christa Wolf, "Stadt der Engel oder The Overcoat of Dr. Freud"